Léete a ti mismo,
lee a los demás

Chao Hsiu Chen

Léete a ti mismo, lee a los demás

*Reconoce a primera vista
a la pareja adecuada*

EDICIONES OBELISCO

Si este libro le ha interesado y desea que le mantengamos informado
de nuestras publicaciones, escríbanos indicándonos qué temas son de su interés
(Astrología, Autoayuda, Psicología, Artes Marciales, Naturismo,
Espiritualidad, Tradición…) y gustosamente le complaceremos.

Puede consultar nuestro catálogo en www.edicionesobelisco.com

Colección Psicología
LÉETE A TI MISMO, LEE A LOS DEMÁS
Chao Hsiu Chen

1.ª edición: abril de 2022

Título original: *Read Yourself, Read Others*

Traducción: *Jordi Font*
Maquetación: *Isabel Also*
Corrección: *TsEdi, Teleservicios Editoriales, S. L.*
Diseño de cubierta: *Enrique Iborra*

© 2013, Chao Hsiu Chen, del texto y las ilustraciones
(Reservados todos los derechos)
© 2022, Ediciones Obelisco, S. L.
(Reservados los derechos para la presente edición)

Edita: Ediciones Obelisco, S. L.
Collita, 23-25. Pol. Ind. Molí de la Bastida
08191 Rubí - Barcelona - España
Tel. 93 309 85 25
E-mail: info@edicionesobelisco.com

ISBN: 978-84-9111-836-7
Depósito Legal: B-3.976-2022

Impreso en los talleres gráficos de Romanyà/Valls S. A.
Verdaguer, 1 - 08786 Capellades - Barcelona

Printed in Spain

Introducción

Como es fuera, es dentro

Un viejo proverbio chino dice que «lo externo es siempre un espejo de lo interno»: es posible reconocer el carácter de alguien a primera vista a partir de las líneas del rostro, la forma de las manos o el modo de caminar de alguien.

Cuando seamos capaces de mirar sin prejuicios a nuestros semejantes de esta manera, podremos evitar la infelicidad y los sentimientos incorrectos, porque automáticamente elegiremos a las parejas adecuadas.

A partir de este antiguo entendimiento, los sacerdotes taoístas desarrollaron un estudio de fisiognomía, un estudio tan profundo que permitió descubrir muchos aspectos de la conexión entre la apariencia externa y el carácter interno.

Da una idea de cuáles son las proporciones adecuadas y las combinaciones que constituyen relaciones armoniosas entre uno mismo y los demás.

Muestra cómo todo encaja de acuerdo con la Ley de la Naturaleza, el Yin (lo femenino) armoniza con el Yang (lo masculino), y los cinco elementos (Madera, Fuego, Tierra, Metal y Agua) operan en concordancia, de modo que el Cielo y la Tierra (individuo y persona) pueden coexistir en armonía. Los sacerdotes taoístas aplicaron perfectamente estos descubrimientos tanto a la vivienda como al cuerpo humano.

En la vivienda, que se conoce como feng shui, este conocimiento también constituye el arte de vivir bien y de la ocupación consciente y armónica del espacio, que hoy en día tiene un interés creciente en Occidente.

En el caso del cuerpo humano, conocido como Min Xiang Shue en la antigua China, enseña la exploración del destino mediante la observación del aspecto externo de los seres humanos. En aras de la simplicidad, llamamos a estas enseñanzas «feng shui corporal». Allí donde hay armonía o disarmonía, el feng shui es en parte la base de la felicidad o de la infelicidad, del éxito o del fracaso, de la pobreza o de la riqueza, de la salud o de la enfermedad. En este punto es importante señalar que el feng shui corporal es idéntico a lo que se puede llamar «los dones de la Naturaleza», mientras que el destino final de uno es siempre su propia responsabilidad.

En este libro te mostraré cómo encontrar, de acuerdo con el feng shui corporal, el elemento propio, de modo que puedas encontrar a la pareja adecuada con el elemento que combina.

Otro antiguo proverbio chino afirma que «la belleza interior es mucho más importante que la belleza exterior». Y otro, mucho más antiguo, que «un hombre debe elegir a una mujer por sus valores morales, no por su belleza»; en este caso, la tarea que tienen los hombres no es fácil: después de todo, ni la «belleza interior» ni los «valores morales» son visibles a primera vista. Por esta razón, también te enseñaré cómo observar la apariencia externa y el comportamiento de las personas, de forma que te ayude a comprender la belleza interna y los valores morales de los demás y a encontrar al compañero adecuado.

Llegados a este punto, se puede hacer una comparación: no existe eso de la casa feng shui completamente perfecta, y por eso es importante averiguar quién pertenece a qué casa. Sólo entonces una casa feng shui se vuelve perfecta.

Por supuesto, resulta mucho más difícil juzgar a una persona que a una casa, sobre todo porque las personas cambian y están en constante desarrollo. Es por esto por lo que, incluso después de encontrar a la pareja adecuada, debes trabajar duro para cultivar una relación perfecta desde el principio: resulta imprescindible un crecimiento recíproco e interminable.

Puedes comparar este proceso con la jardinería: un buen jardinero sabe cuándo fertilizar las flores, los árboles y el césped, y también sabe la cantidad exacta de agua que tiene que utilizar para no perjudicar sus plantas.

Si aplicamos este pensamiento a una relación y a la vida amorosa, nos daremos cuenta de que no existe la pareja perfecta, pero es muy importante encontrar a la pareja adecuada. Teniendo en cuenta esta idea, puedes encontrar a la pareja correcta. De todos modos, ¿cómo puedes ser tú la pareja perfecta? ¿Qué significa ser la mujer perfecta o el hombre perfecto, y cómo se puede alcanzar este estado? Nadie es perfecto por sí mismo, sino sólo a través de los demás. El feng shui corporal fue desarrollado específicamente para este propósito y ayuda a evitar errores y a encontrar la felicidad en la vida.

También en este caso, el supuesto básico es que un orden armónico del espacio puede cambiar el carácter de un lugar o de una persona, y contribuir a la felicidad, la riqueza y la buena salud.

El objetivo es comprender el lenguaje hablado por el cuerpo y evitar así las cosas negativas, que en su mayoría están creadas por el ser humano, y apropiarse de las cosas positivas, a menudo también creadas por el ser humano.

El buen feng shui rara vez muestra fealdad, pero una persona hermosa no siempre tiene suerte. Cuando mires a tus amigos y conocidos, notarás que los que son «hermosos» no siempre son felices, mientras que los que son poco atractivos pueden ser muy felices. El feng shui corporal explicará el motivo.

Un ejemplo esclarecerá esta afirmación: si bien Barbara Streisand ciertamente no tiene el feng shui corporal más perfecto (por ejemplo, sus labios son grandes y su nariz está inclinada hacia arriba), es, sin embargo, muy atractiva, y esto le ha valido a ella y a las personas que la han ayudado a tener éxito. Han encontrado en ella una correspondencia entre su propia imagen interna y externa, que también es el caso con respecto a la relación que la cantante y actriz mantiene con las personas con las que trabaja y ha trabajado.

Aplicando este principio a nuestra propia vida, podemos comprobar qué personas nos han correspondido hasta ahora, tanto interna como externamente, y cuáles no. Entonces encontraremos, hablando del físico, que ha sido sobre todo lo opuesto lo que nos ha atraído (para el interior, a menudo «los iguales se atraen»), pero las razones de esto no están claras para nosotros.

El feng shui corporal nos muestra por qué consideramos atractivas a algunas personas y a otras no, y cómo podemos ser capaces de encontrar conscientemente (y no instintivamente) a aquellas personas con las que podemos llevarnos bien, porque el lenguaje corporal es más potente de lo que creemos.

Armonía

Capítulo 1

La armonía de las leyes

La mayoría de la gente piensa que tiene el control de su propia vida. Pero esto sólo es cierto en un sentido limitado (tenemos la libertad de planificar nuestras vidas como queramos), ya que en realidad el Universo influye sobre nuestra existencia en todo momento a través de aquellas leyes por las que se rige. Dado que estas leyes están en constante interacción entre sí, podemos asumir con seguridad que consiguen lo que a menudo es tan difícil de conseguir en la tierra: la armonía.

La humanidad, gracias aparentemente a la posición especial que ocupa dentro de la Naturaleza, es capaz de romper esta armonía cuando quiera. Por esto, sobre todo, es necesario que la humanidad busque la armonía con la Naturaleza, ya que de lo contrario no sólo dañamos a nuestro entorno, sino también a nosotros mismos. Por lo tanto, el objetivo más loable para los jóvenes es explorar y familiarizarse con las leyes de la armonía, respetarlas y estar conformes con ellas, mientras que el objetivo más loable en la vejez es aceptar estas leyes.

Lo que ocurre en la Naturaleza encuentra su complemento terrenal en las enseñanzas del feng shui corporal.

La energía del Universo

El cuerpo humano, como el propio Universo, está repleto de energía misteriosa. Cada cultura tiene una forma diferente de describirla. Los sacerdotes taoístas chinos creen que el cuerpo humano y la salud están influenciados por la energía del Universo, a la que llaman Chi. Este Chi corre por el cuerpo humano a través de los meridianos, caminos que permiten que la energía del Universo se transforme y armonice con los seres humanos. Estos meridianos, que juegan un papel clave en la acupuntura, constituyen lo que se podría llamar el receptor; el emisor es el propio Universo, mientras que la Tierra es la antena. Todos los seres vivos tienen tal receptor, aunque tienen diferentes formas de reaccionar ante las energías que reciben. Además, dado que estas energías también influyen sobre las estructuras celulares de diferentes formas, las personas son diferentes entre sí.

La energía humana tiene muchos niveles (frecuencias, dimensiones) y todos estos niveles deben sincronizarse armónicamente para conseguir una salud óptima. Los campos de energía –físicos, mentales, emocionales, etéreos…– se construyen los unos sobre los otros. La energía de los cuerpos físicos debe soportar y vibrar en armonía con los otros niveles para poder apoyar su óptima salud. Se trata de una relación cíclica que se apoya mutuamente. Por lo tanto, cada persona lleva su propio feng shui corporal, así como su propio destino.

El cuerpo y los cinco elementos

Según la visión china, el mundo se compone de cinco elementos: Madera, Fuego, Tierra, Metal y Agua. Estos elementos son transportados por el viento (Feng) y el agua (Shui) y están sujetos a una circulación eterna: la Madera alimenta al Fuego, el Fuego se convierte en ceniza, que a su vez se convierte en Tierra; la Tierra contiene Metal; el metal vaticina el Agua, y el Agua alimenta la Madera. En este proceso cíclico, la armonía natural se encuentra en su forma positiva. Sin embargo, también hay un complemento negativo: la Madera lucha contra la Tierra; la Tierra lucha contra el Agua; el Agua lucha contra el Fuego; el Fuego lucha contra el Metal, y el Metal lucha contra la Madera.

Estas enseñanzas de los cinco elementos se basan en el conocimiento del Yin, lo femenino, y el Yang, lo masculino, los cuales constituyen el mundo de los opuestos complementarios. Según estas enseñanzas, el Yin, por ejemplo, es oscuridad, tierra, luna, mujer, quietud y humedad, frío, tristeza, noche, negativo. Por otro lado, el Yang es ligereza, cielo, sol, hombre, movimiento, sequedad, calor, alegría, día, positivo. «Negativo» no es lo mismo que «malo», del mismo modo que «positivo» no es idéntico a «bueno». El objetivo consiste en encontrar un equilibrio entre el Yin y el Yang, entre lo negativo y lo positivo, para que aparezca la armonía.

A cada persona se le puede asignar uno de los cinco elementos dependiendo de la fecha de nacimiento. Para conocer el elemento que te corresponde, primero tienes que conocer los valores numéricos de los elementos. Son:

Madera	1	2
Fuego	3	4
Tierra	5	6
Metal	7	8
Agua	9	0

Para calcular el número, utiliza el siguiente procedimiento (ten en cuenta que es diferente para hombres y mujeres):

- Si eres hombre, resta los dos últimos dígitos de tu año de nacimiento del número 100. Divide el resultado entre 9. A menudo el resultado es una fracción; en este caso, sólo el primer numeral de después de la coma tiene importancia. Si el resultado es un número entero, entonces el número de después de la coma es 0.
  Ejemplo: 100 − 14 = 86 / 9 = 9,5; en este caso, el número es 5, que simboliza el elemento Tierra.
- Si eres mujer, resta el número 4 de los dos últimos dígitos de tu año de nacimiento. Divide el resultado entre 9. De nuevo, sólo el primer numeral de después de la coma tiene importancia. Si el resultado es un número entero, entonces el número de después de la coma es 0.
  Ejemplo: 66 − 4 = 62 / 9 = 6,8; por lo tanto, el número es 8, que simboliza el elemento Metal.

A continuación, te muestro unas pautas generales para interpretar los diferentes elementos del nacimiento en relación con el carácter de la persona. Teniendo en cuenta la naturaleza Yin-Yang de los seres humanos, enumero tanto los rasgos positivos como los negativos:

- Madera (1, 2): bondadoso, empático, dispuesto a ayudar, honesto, abierto, cariñoso; pero también enamorado de uno mismo, orgulloso, muy confrontador, resentido y muy sensible.
- Fuego (3, 4): cortés, generoso, honesto, visionario; pero también vacilante, inseguro, autocrítico, temperamental, poco perseverante y poco flexible.

16

- Tierra (5, 6): fiel, honesto, comprensivo, serio, religioso, paciente, directo, correcto, digno de confianza, conservador, desinteresado; pero también lento, poco flexible, necesitado de consuelo, oportunista, imperioso, difícil de persuadir.
- Metal (7, 8): correcto, valiente, tolerante, recto, dispuesto a tomar decisiones; pero también irreflexivo, melancólico, orgulloso, persistente, poco flexible y difícil de persuadir.
- Agua (9, 0): inteligente, rápido de mente, lleno de ideas, controlado; pero también desconsiderado, irreflexivo, orgulloso, desorganizado y ansioso.

Estas características de personalidad de los elementos constituyen la base para entenderse a uno mismo y a los demás. Pero, por supuesto, estas interpretaciones por sí solas no son suficientes, ya que es necesario tener en cuenta otros factores para obtener una imagen más completa. Entre estos factores se incluye la energía contenida en cada elemento, que influye significativamente sobre la apariencia externa del portador. Para ello se aplican los siguientes rasgos:

- Madera (1, 2): Sin árboles no hay Madera. Los árboles conectan la Tierra con el cielo y conducen la energía cósmica de la propia Tierra. Por lo tanto, las dos energías principales del Yin y el Yang también están conectadas entre sí. La Madera transmite esta energía a los demás elementos y a todos los seres vivos. Las personas con el elemento Madera son delgadas, rara vez caminan encorvadas, sus articulaciones están llenas de fuerza y sus huesos no se marcan por encima de la piel.
- Fuego (3, 4): Todo lo que existe puede ser devorado por el Fuego. El Fuego, sin embargo, no puede encenderse a sí

mismo ni alimentarse por sí mismo. Las personas con el elemento Fuego pueden tener un aspecto delgado y demacrado, tienen mejillas brillantes y sus huesos son visibles a través de la piel.

- Tierra (5, 6): la Tierra contiene todo lo que vive. Da la existencia a todas las cosas y finalmente vuelve a absorber la energía de los seres vivos. Las personas con el elemento Tierra parecen estar llenas de fuerza y tienen los brazos y los muslos musculosos, la espalda ancha y el trasero fuerte.
- Metal (7, 8): todos los metales están ocultos en algún lugar. Son rugosos, pesados y brillantes. Las personas con el elemento Metal suelen ser tan anchas como altas y de huesos grandes, pero no aparentan estar gordas.
- Agua (9, 0): El Agua representa el sistema de circulación perfecto: mar-nube-lluvia-río-mar; rara vez existe de forma aislada y, por lo general, sólo se encuentra en grandes cantidades. Las personas con el elemento Agua son redondas y suelen tener el estómago hinchado, su espalda puede no estar recta y los huesos pueden no notarse debido a su constitución.

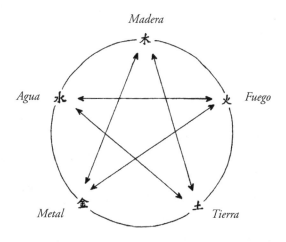

El círculo de los cinco elementos y sus polaridades respectivas.

Cabe señalar en este punto que los diferentes tipos de personas que acabo de describir son muy poco frecuentes. Más bien, por lo general, nos encontramos con una diversidad de tipos en los que se pueden encontrar dos o más elementos juntos.

Según la antigua forma de pensar china, las personas que se rigen por un solo elemento, que a su vez es idéntico al elemento de su nacimiento, tienen un feng shui corporal especialmente bueno. Esto significa, por ejemplo, que una persona que parece redonda y al mismo tiempo pertenece al elemento Agua puede vivir una vida muy feliz.

Una vez has descubierto qué elemento te rige a ti o a alguien que conoces, averigua cuántas cosas positivas o negativas pertenecen a tu elemento de nacimiento. Si el Fuego es tu elemento y eres una persona dubitativa, necesitarás una pareja que con su elemento sea capaz de equilibrar el tuyo; en este caso, sería el Agua. En cambio, si eres educado y honesto, entonces una persona de tipo Madera a tu lado podría servir para fortalecer estas cualidades. Así pues, tener la pareja adecuada resulta primordial. Pero ¿qué significa realmente la pareja «correcta»?

Las parejas adecuadas

Todas las personas con las que uno está en contacto se consideran «pareja»: padres, abuelos, parientes, maestros, colegas, amigos, socios comerciales, cónyuges e hijos. Cuanto más estrecha es la relación con una persona, más fuerte es esa persona. Y cuanto más compatibles sean los elementos de la asociación, antes se alcanzarán la felicidad, la salud y el éxito. Los principios del feng shui corporal muestran qué combinaciones son adecuadas o inadecuadas. En este caso también es importante la época del año del nacimiento. Según las enseñanzas, las siguientes combinaciones generan resultados positivos:

Elemento	Primavera	Verano	Otoño	Invierno
Madera	Agua	Agua	Metal	Fuego
Fuego	Madera Fuego	Agua	Madera Fuego	Madera Fuego
Tierra	Tierra Fuego	Agua	Fuego	Fuego
Metal	Tierra	Agua	Tierra	Tierra
Agua	Madera Fuego	Metal Agua	Metal	Fuego

Los resultados negativos se darán con las siguientes combinaciones:

Elemento	Primavera	Verano	Otoño	Invierno
Madera	Metal	Fuego Metal	Madera	Agua
Fuego	Agua	Madera Fuego	Agua	Agua
Tierra	Madera Agua	Fuego	Agua	Agua
Metal	Agua	Fuego	Madera Metal	Madera Metal
Agua	Agua Tierra	Tierra	Tierra	Tierra

Aparte de estas combinaciones especiales, la combinación de dos elementos tendrá los siguientes efectos sobre una relación:

- Combinación Madera-Agua: calidez, ternura, sabiduría, aceptación, perseverancia, honestidad, pensamiento dinámico, empatía, amor por el arte y éxito.
- Combinación Madera-Fuego: sensibilidad, pensamiento realista, prudencia, paciencia, voluntad de ayudar, seriedad; pero también desconfianza y pensamiento a corto plazo.
- Combinación Tierra-Fuego: ternura, coraje, inteligencia, necesidad de explorar, optimismo; pero también pereza, ausencia de modestia, cambios de humor e indecisión.
- Combinación Metal-Agua: generosidad de espíritu, pensamiento lógico, honestidad, ternura, fuerza; y también ingenuidad y toma de riesgo.
- Combinación Agua-Fuego: actividad, coraje; pero también egocentrismo, idealismo y tensión.

- Combinación Metal-Fuego: amabilidad, coraje; pero también testarudez, egoísmo, sentido de superioridad, no pensar en el futuro e ingratitud.
- Combinación Metal-Tierra: ingenio, honestidad, sensibilidad, disposición para aprender, secretismo, difícil de desanimar; pero también necesidad de repetir las cosas y falta de voluntad para aceptar los hechos.
- Combinación Tierra-Madera: entusiasmo, disposición a tomar decisiones, humanidad, secretismo, justo; pero también distanciamiento de la realidad, falta de empatía.
- Combinación Agua-Tierra: estabilidad, aceptación; pero también infelicidad, dudas sobre uno mismo.
- Combinación Madera-Metal: creatividad, atención al detalle, responsabilidad, generosidad, voluntad de ayudar; pero también impaciencia, falta de atención y ansiedad.
- Combinación Fuego-Fuego: coraje, intrepidez; pero también estrés, impaciencia, crueldad, desorden y hostilidad.
- Combinación Agua-Agua: sinceridad, aguante, disposición a aceptar nuevas ideas, optimismo; pero también celos, desconfianza, impaciencia y estrés.
- Combinación Madera-Madera: sabiduría, empatía, coraje, optimismo, búsqueda del conocimiento, fuerte sentido de la justicia; pero también impaciencia, desconfianza, terquedad, impulsividad, sentimiento de superioridad, estrechez de miras.
- Combinación Tierra-Tierra: obediencia, seriedad, cautela, generosidad, optimismo; pero también terquedad, impaciencia, excentricidad, indecisión.
- Combinación Metal-Metal: ambición, coraje, cortesía; pero también impaciencia e implacabilidad.

Si tienes o has tenido dificultades o problemas con una de tus «parejas», entenderás los motivos utilizando las combinaciones de elementos. Por supuesto, lo mismo ocurre con los elementos positivos. Pero si dos elementos simplemente no funcionan juntos, no siempre hay que buscar una nueva pareja, porque existen diferentes formas de mejorar una relación. Incluso si decides cambiar de pareja, reflexiona detenidamente antes de separarte de un elemento inadecuado. Si no te es posible entrar en una nueva combinación de elementos, insiste en fortalecer los aspectos positivos de la combinación actual e ignora los negativos. ¡Siempre puedes hacer lo mejor con lo que tienes!

Los cinco elementos y la salud

Cada vida es diferente, aunque todas las vidas siguen el mismo ciclo de nacer, crecer, enfermar y morir. Nadie puede escapar de este ciclo, ni nadie puede escapar al cambio de estaciones. Por eso es importante adaptarse a este ritmo para poder vivir mucho y bien, y sin demasiadas perturbaciones. La teoría de los cinco elementos constituye el punto de partida adecuado para llevar a cabo este ajuste. Tuvo un papel muy importante en la curación y la medicina en la antigua China debido a su influencia sobre los cinco órganos más importantes (corazón, pulmones, hígado, riñones y bazo).

Las siguientes correspondencias son de particular interés en el estudio del feng shui corporal:

Madera-hígado: ojos
Fuego-corazón: lengua
Tierra-bazo: piel

Metal-pulmones: nariz
Agua-riñones: oídos

Un ejemplo aclarará estas correspondencias. La persona M tiene un buen sentido del olfato, pero mala vista. Por un lado, esto quiere decir que la persona M tiene buenos pulmones, pero también un hígado algo problemático (¡esto no significa que esté enfermo!). Según las enseñanzas de los cinco elementos, significa que, en su expresión, el Metal es fuerte y la Madera es débil. La carencia de Madera provoca una desventaja adicional: no hay suficiente Fuego para mantener el corazón «ardiendo».

En este sentido, la persona M tiene que anticipar, tarde o temprano, los problemas en esta área. Para hacer frente a este problema, las enseñanzas de los cinco elementos sugieren que la persona M debería estar con alguien que tenga un fuerte elemento Madera para equilibrar el problema. Además, una dieta rica en Madera también puede ayudar a equilibrar la situación. Esta dieta consistiría principalmente en alimentos «verdes» o «rojos», como se ilustra en la siguiente tabla:

Madera	verde	calabacines, espinacas, pimientos, alubias, guisantes, kiwis, etc.
Fuego	rojo	carne, pimientos rojos, manzanas rojas, rábanos, tomates, etc.
Tierra	amarillo	plátanos, limones, calabaza, yemas de huevo, maíz, etc.
Metal	blanco	pescado, patatas, noodles, arroz, pan, pollo, etc.
Agua	negro	alubias negras, algas, colmenillas (setas), etc.

También se han asignado diferentes gustos a los diferentes elementos:

Madera	ácido	hígado	ojos
Fuego	amargo	corazón	lengua
Tierra	dulce	bazo	piel
Metal	picante	pulmones	nariz
Agua	salado	riñones	oídos

Para curar enfermedades de los órganos internos más importantes, así como de los sentidos, hay que prestar atención al ritmo de los cinco elementos y sus respectivas polaridades (como se muestra en la tabla anterior). Por ejemplo, una persona que tiene problemas hepáticos debe fortalecer el elemento Madera, ya que el hígado pertenece a la Madera y está controlado por el Metal. Entonces, puede seguir una dieta de alimentos con elementos de Madera y Metal. Los alimentos con el elemento Madera tienen color verde y sabor amargo, mientras que los alimentos con el elemento Metal tienen un color blanco y un sabor picante. Otro ejemplo: una persona que tiene problemas cardíacos debe fortalecer el elemento Fuego, ya que el corazón pertenece al Fuego y está controlado por el Agua. En este caso, puede comer alimentos del elemento Fuego, que tienen color rojo y sabor amargo. También puede comer alimentos del elemento Agua, que tienen color negro y sabor salado. (¡No es sal!).

En feng shui corporal, tal consideración de los cinco elementos es de gran importancia, porque en última instancia el objetivo es reconocer a las parejas adecuadas y llevar una vida feliz. Esto último difícilmente es posible sin una buena salud, mientras que para lo primero es importante entender a simple vista cuál es la condición física de tu potencial pareja para que tengas éxito y seas feliz cuando formes un equipo –ya sea profesional o personal– con esa persona. Para reconocer si una persona influirá en ti positiva o negativamente, una mirada a su pelo también puede ser una pista importante. La siguiente tabla muestra cómo el pelo y los órganos de los sentidos se relacionan con los cinco elementos en las enseñanzas del feng shui corporal:

1, 2	Madera	hígado	ojos	cejas, pestañas
3, 4	Fuego	corazón	lengua	pelo
5, 6	Tierra	bazo	piel	vello en brazos, piernas y pecho
7, 8	Metal	pulmones	nariz	pelos de la nariz
9, 0	Agua	riñones	orejas	vello facial y axilar, vello púbico

Un ejemplo aclarará esto: conoces a la persona N y quieres saber si es una pareja adecuada. El vello de sus brazos es largo, lo que significa que exhibe un exceso del elemento Tierra. Una persona así tendrá la piel tensa. Para saber si la persona N es adecuada para ti, calcula tu propio elemento (como he explicado anteriormente) y comprueba si funciona con el elemento Tierra de la persona N (como muestro en la relación de los cinco elementos). El «reconocimiento» de tal persona depende en gran medida de la apariencia externa, y hay más verdad en esta apariencia de lo que comúnmente se cree. El feng shui corporal nos enseña a reconocer esta verdad a primera vista para evitar decepciones posteriores.

Grupos sanguíneos y personalidad

En realidad, la historia de la teoría de que el grupo sanguíneo determina la personalidad es incierta. Comenzó con el descubrimiento de los cuatro grupos sanguíneos. El científico austríaco Karl Landsteiner descubrió los cuatro grupos sanguíneos en 1900 y más adelante un profesor japonés, Takeji Furukawa, presentó «Estudio del temperamento a través del grupo sanguíneo» en 1927. Aunque carecía de las credenciales adecuadas y no estaba respaldado científicamente, el público abrazó la idea del grupo sanguíneo como una determinación de la personalidad, y el gobierno japonés incluso encargó un estudio para determinar si podrían criar mejores soldados. Hoy en día, en Japón, el grupo sanguíneo se utiliza para determinar la personalidad y el temperamento, del mismo modo que en los países occidentales se utiliza la astrología, aunque los grupos científicos no siempre apoyan esta teoría. En los videojuegos japoneses, el grupo sanguíneo suele ser una dimensión en la creación de los personajes; de hecho, algunos japoneses incluso se sorprenderían si un extranjero desconociera su grupo sanguíneo. Utiliza este conocimiento como referencia y como ayuda adicional para descubrir el carácter de una persona:

Grupo A: melancólico, reservado, desconfiado, tímido, callado, poco diplomático, solitario, sentimental; pero también de gran corazón, fiel, sensible, reflexivo, artístico, tierno, empático, serio, imaginativo, paciente.

Grupo B: vanidoso, jactancioso, conversador, directo, curioso, impaciente, propenso a los cambios de humor; pero también diplomático, lógico, atlético, elocuente, activo, poco sentimental, flexible, vividor.

Grupo AB: melancólico, tímido, inestable, indeciso, tacaño, egocéntrico, conversador, solitario, vanidoso, impaciente, lleno de contradicciones; pero también tierno, de gran corazón, lógico, sensato, serio, reservado, diplomático, atlético, flexible.

Grupo 0: arrogante, inflexible, codicioso, desobediente, inflexible; pero también paciente, lógico, impasible, generoso, autosuficiente, diplomático, modesto, imaginativo, valiente, decidido, reflexivo.

Cada profesión requiere un trabajo duro en sí mismo. Pero a veces, trabajar duro con gran concentración no basta para conseguir el éxito en el campo elegido. En Japón, la gente cree que elegir la profesión según el grupo sanguíneo puede ayudar a conseguir los resultados esperados. Esto se debe a que cada profesión está relacionada con una personalidad en particular, que a su vez está influenciada por el grupo sanguíneo. La siguiente información te puede ayudar:

Grupo A: profesor, enfermero, sacerdote, monje, monja, guardabosques, pescador, bibliotecario, administrador.

Grupo B: diplomático, empresario, artista, científico, programador informático, médico, deportista, arquitecto.

Grupo AB: veterinario, cartero, arquitecto, todos los cargos y vocaciones religiosas, psicólogo, psiquiatra, psicoterapeuta, médico.

Grupo 0: soldado, atleta, banquero, consultor financiero, agente secreto, gerente, político.

Pero dado que cada trabajo lo lleva a cabo una persona que tiene su propio carácter, también hay que tener en cuenta este aspecto a la hora de elegir parejas (tanto profesionales como privadas), como comento en el apartado siguiente.

Hábitos y carácter

Todos hemos oído alguna vez el dicho: «Cosechas lo que siembras». En China, este proverbio es más elaborado:

«Cuando siembras una acción, cosechas un hábito; cuando siembras un hábito, cosechas un carácter; cuando siembras un carácter, cosechas el destino; cuando siembras el destino, cosechas una vida».

Todo el mundo tiene hábitos, los desee o no. Todos los hábitos están estrechamente relacionados con la psique y ofrecen pistas sobre el carácter de una persona. Una persona sensible puede distinguir el carácter de otra persona a partir del hábito más pequeño.

Los hábitos se forman a lo largo de los años, sin que nadie se dé cuenta de ello. Derivan principalmente de deseos que no pueden o no se les permite encontrar su expresión y que, por lo tanto, son transportados a otras partes del cuerpo. Por ejemplo, las personas que a menudo están enojadas aprietan y rechinan los dientes, aunque la ira y los dientes no estén directamente relacionados. Al parecer, en este caso un proceso psicológico se eleva a un nivel físico para, por un lado, aliviar el alma, y por otro, expresar la situación. Otro ejemplo: si alguien se alegra repentinamente por un acontecimiento sorprendente, a menudo mueve brazos y piernas, «saltando de alegría». También en este caso la psique encuentra una expresión física.

Todas estas formas de expresión corporal ocurren repetidamente de la misma manera, ya que cuerpo y alma han sido condicionados para actuar de esta manera. Estas expresiones constantes y similares tienen la ventaja de que otras personas pueden saber rápidamente qué estado de ánimo tiene otra persona y, por lo tanto, reaccionar en consecuencia. A continuación, muestro algunos ejemplos de ciertos tipos de comportamiento y sus causas:

- Morderse las uñas: la persona no está contenta con una situación externa (o con otra persona), pero no tiene la fuerza para cambiar la situación (o la persona) o para abandonarla. Esto conducirá a una obediencia excesiva, problemas de autoestima, falta de concentración e impaciencia.
- Frotarse la barbilla: la persona está atrapada en una situación difícil y no hay nadie con quien pueda hablar en confianza. Esto puede provocar cambios ansiosos e inesperados.
- Hombros y cabeza caídos: la persona se enfrenta a un problema que parece que no tiene solución. No importa lo que haga: haga lo que haga empeorará las cosas. Esto conducirá a una extrema cautela, timidez, melancolía y pesimismo.
- Repiqueteo de pies: la persona no está de acuerdo con la opinión de un compañero, pero no se atreve a expresarlo. Desemboca en impaciencia y envidia.
- Tamborileo con los dedos de las manos: la persona está molesta porque no se cumplen las metas proyectadas o porque alguien a quien está esperando aún no ha llegado. Conduce a la frialdad y la desconfianza.
- Tocarse la nariz: la persona está insatisfecha porque las cosas no empiezan como desea. Además, tiene demasiados

deseos para que todos se cumplan. Esto se traduce en una correcta autoevaluación, valentía y estrés.

- Morderse el labio superior con los dientes inferiores: la persona está desarrollando nuevas ideas o está buscando nuevas formas de alcanzar una meta. Da como resultado la voluntad de asumir riesgos y agresividad.
- Frotarse las manos: la persona se alegra porque ha logrado algo sin enfrentamientos. Da como resultado estrategias de honestidad, seriedad y prevención de conflictos.
- Jugar con los dedos: la persona está concentrada únicamente en sus propios asuntos y no oye lo que opinan los demás. Conduce al nerviosismo, la ignorancia, la arrogancia y el egocentrismo.
- Risa constante: la persona se siente insegura por culpa de una persona o de una situación. Esto conduce a la impaciencia, la inseguridad, el egocentrismo y el deseo de recibir más atención.

Basada en el conocimiento de tales patrones de comportamiento, sus causas y sus efectos psicológicos, las enseñanzas de los cinco elementos pueden establecer correlaciones entre los cinco elementos, que a su vez son congruentes con cinco de los rasgos de carácter elogiados por Confucio. Esto permite una elección de pareja adecuada basada en el lenguaje corporal, lo que a su vez puede conducir a una vida feliz. Estas relaciones se pueden describir de la siguiente manera:

Madera: bondad
Fuego: asombro
Tierra: fe
Metal: coraje
Agua: sabiduría

Según el punto de vista chino, es muy loable la persona que, después de haber encontrado su elemento, deja que la característica correspondiente se convierta en su hábito. Por supuesto, todo el mundo es libre de incorporar las cinco características en su personalidad.

El Chi en los seres humanos

Cuando hablamos de feng shui corporal, también tenemos que pensar en qué es lo que permite que un cuerpo sobreviva. Por supuesto, algunos lectores pueden decir que es el corazón y el funcionamiento de los otros órganos. Eso es correcto, pero ¿qué sostiene a esos órganos? En el antiguo conocimiento chino, es el Chi, la fuerza omnipotente de la vida, lo que hace posible la vida. Entre los indios, esta fuerza se llama Prana; los antiguos griegos la llamaron Pneuma; los japoneses, Hi; los polinesios, Nana; y los alemanes, Odem.

Nadie puede vivir sin Chi. Esta energía universal nos da la fuerza para llevar una vida en armonía y convertirnos en una personalidad madura, feliz y hermosa. Eso es exactamente lo que hace el Chi, razón por la cual las enseñanzas del feng shui y especialmente el estudio del feng shui corporal le prestan especial atención. El Chi, como bien saben los chinos, es incluso visible en los diferentes matices de color de la piel, donde el color no se refiere al color de piel de la propia raza, sino a lo que «brilla» a través de la piel, la misteriosa energía de la vida. Para los expertos en feng shui, es fácil saber en qué condición física y psicológica se encuentra una persona y qué problemas tiene simplemente fijándose en el color de su rostro. La importancia del Chi para la salud y la felicidad llega tan lejos que en

China no se pregunta «¿Cómo estás?», sino que también se puede decir «¡Tu color Chi se ve especialmente bien hoy!».

Los colores Chi son verde/azul, borgoña, rojo/púrpura, amarillo, blanco y negro.

El significado de estos colores es el siguiente:

- Verde/azul: la persona está sufriendo un poco, pero el motivo de eso no es importante.
- Borgoña: los cinco elementos del cuerpo, que están asignados a los distintos órganos, no se encuentran en su orden productivo; especialmente el Fuego y el Agua no están en armonía.
- Rojo/púrpura: ocurrirá algo positivo.
- Amarillo: los cinco elementos del cuerpo no están en armonía, especialmente la Madera y la Tierra, es decir, el hígado y el bazo.
- Blanco: ocurrirá algo que provoque duelo.
- Negro: ocurrirá algo negativo, pero si el negro es especialmente «brillante», pasará lo contrario, es decir, algo positivo: se produce el éxito.

Esto ya muestra lo increíblemente complejo que es el tema del color Chi, sobre todo si se tiene en cuenta que este tipo de observación también depende de la estación y de la hora del día, así como de la zona del cuerpo donde se analiza el color. Por lo tanto, hay que ser un verdadero experto y es un error dejar la interpretación de los colores a un profano. De todos modos, aquí te muestro un pequeño resumen de las relaciones:

1, 2	*Madera*	*verde/azul*
3, 4	*Fuego*	*púrpura/borgoña*
5, 6	*Tierra*	*amarillo*
7, 8	*Metal*	*blanco*
9, 0	*Agua*	*negro*

Y del mismo modo que hay un Chi en los seres humanos que influye sobre la persona, también hay un Chi en la Naturaleza que influye sobre los cambios de estaciones. En la siguiente tabla se muestra cómo funcionan estas correspondencias junto en función de los meses:

Mes	*color*	*Positivo (+) Negativo (-)*
Enero, febrero (Madera)	*verde*	+
	rojo	+
	amarillo	-
	blanco	-
	negro	+
Abril, mayo (Fuego)	*verde*	-
	rojo	-
	amarillo	+
	blanco	-
	negro	+

Mes	color	Positivo (+) Negativo (-)
Julio, agosto (Metal)	verde	-
	rojo	+
	amarillo	+
	blanco	+
	negro	+
Octubre, noviembre (Agua)	verde	+
	rojo	+
	amarillo	-
	blanco	-
	negro	-
Marzo, junio, septiembre, diciembre (Tierra)	verde	-
	rojo	+
	amarillo	+
	blanco	-
	negro	-

La ley de la armonía es la misma en todas partes: la gente, sea de Oriente o de Occidente, busca salud y felicidad. Sin embargo, la gente rara vez sabe «por qué» y «qué» puede ayudarles a conseguir este objetivo. Por supuesto, esto también se aplica a las leyes de la armonía y la atracción, que se presentan en el próximo capítulo.

Brillo

Capítulo 2

Las leyes de la armonía

En las enseñanzas del feng shui corporal, el rostro se divide en tres partes. La primera parte (desde la frente hasta las cejas) refleja el Cielo, la segunda parte (desde las cejas hasta la punta de la nariz) encarna a la Persona misma y la tercera parte (desde la punta de la nariz hasta la barbilla) representa la Tierra.

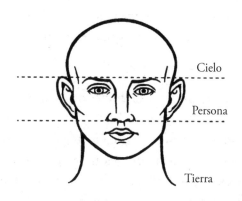

Dado que el ideal supone que Cielo, Persona y Tierra se encuentran en perfecta armonía, este concepto también se aplica a la división proporcional del rostro. Y todas las leyes que se pueden encontrar en la Naturaleza, en el Cielo e incluso en el Universo no están separadas de los seres humanos. Por el contrario, cada habitante de la Tierra es una parte viva del todo, por lo que también lleva en sí mismo esas leyes que componen el todo. Es comprensible que estas leyes estén sujetas a la armonía; incluso la teoría del caos ha descubierto que no hay nada puramente caótico, sino que el caos también está modelado por la armonía, aunque esta armonía no siempre sea visible. No sólo las leyes mismas participan de esta armonía, sino también todo lo que está sujeto a estas leyes. Por lo tanto, la parte y el todo no sólo están relacionados entre sí, sino también indivisiblemente conectados. Es por eso por lo que en el rostro las tres partes –Cielo, Persona y Tierra– tienen que estar bien divididas para que estén en armonía entre sí. Pero si se altera la armonía natural, es necesario aprender a rectificar esta perturbación para que se pueda formar una nueva armonía. Por esto un proverbio chino dice: «Reconoce las leyes de la Naturaleza, tómalas cómo son y encuentra la felicidad». Esto se aplica en particular a los ojos, como se explica en el próximo apartado.

Los ojos: «Cristales en el rocío de la mañana»

Los ojos no sólo recogen información visual del mundo exterior, sino que también expresan emociones y sentimientos. El contacto visual es lo primero que una persona establece cuando conoce a otra, y, por supuesto, es inevitable en la comunicación cara a cara. Básicamente, cuando uno mira a otra persona, de entrada puede pasar cualquier cosa: que la atraiga o se sienta atraído, que simpatice con ella, que la respete, que se rinda o que la domine, que se entrometa, que la interrogue, que la ataque, que se quede quieto o que le permita entrar en un espacio privado, siempre dependiendo de las expresiones faciales, los gestos y las posturas. Por lo general, evitamos mirar fijamente a los desconocidos, porque no saben qué estamos pensando. Por su parte, en las relaciones cercanas, el contacto visual es clave para mantener el interés mutuo, la simpatía, la confianza y la seguridad.

Los ojos son las ventanas del alma; muchos poetas los suelen describir así.

Hace unos 1800 años, en China vivió una famosa princesa que fue secuestrada durante una guerra. Gracias a su extraordinaria belleza, no la mataron, sino que la eligieron esposa principal del jefe del grupo rebelde. Incluso encontró su entrada en la literatura como la «diosa del río Lo». De ella se decía que no necesitaba abrir los labios porque si quería decir algo, bastaba con una mirada de sus ojos. Mucha gente cree que los ojos son los órganos de los sentidos más importantes y las enseñanzas del feng shui corporal también les brindan importantes conocimientos.

En términos generales, la distancia entre la pupila y la ceja no debe ser ni demasiado grande ni demasiado pequeña. Si el iris y la parte blanca del ojo están claramente diferenciados, da testimonio de un feng shui positivo del ojo, del mismo modo que un iris que destaca por su brillo resplandeciente. Se supone que los ojos dan una impresión activa, y la «personalidad» que entonces se puede encontrar en los ojos añade un énfasis adicional.

Existen muchas formas diferentes de ojos, cada una de las cuales tiene un significado especial. A continuación te muestro una explicación de las veintitrés formas más importantes:

1. La forma triangular indica que estas personas tienen mucho coraje. Si el iris y la parte blanca del ojo están bien diferenciados, significa que la persona tiene cierta tendencia a irse a los extremos, pero sin hacer daño a los demás. En cambio, si el iris y la parte blanca no están claramente diferenciados, significa que la persona tendrá éxito, pero que los medios utilizados quizá no siempre sean honestos. En este último caso, si se trata de una mujer, significa que tiene dificultades para concentrarse, por lo que necesita esforzarse más para coordinarse con los demás.

2. En este caso, el iris es bajo y está rodeado de blanco por tres lados. Las personas con este tipo de ojos suelen ser duras con los demás, pero blandas consigo mismas. No tienen problemas de autoestima, aun cuando no son reconocidas por los demás.

1   2

3. En este caso, el iris es alto y está rodeado de blanco por tres lados. Las personas con este tipo de ojos a menudo sienten indiferencia hacia los demás. Si se trata de un hombre, puede enfrentarse a desafíos e incluso a situaciones peligrosas; en cambio, si es una mujer, puede manejar los problemas con su pareja aun cuando estos problemas surgen con frecuencia.

4. El iris está completamente rodeado de blanco. Tales ojos hablan de aprecio por uno mismo y apertura a la vida de pareja.

3   4

5. La presencia de una mancha negra en el blanco del ojo indica carácter cambiante. Estas personas necesitan más cuidado para administrar la propiedad familiar para evitar pérdidas.

6. El iris está lleno de manchas de diferentes colores: estas personas pueden parecer menos amigables a primera vista, de modo que la meta sólo es alcanzable cuando trabajan duro para lograr la amistad necesaria.

5   6

7. Las personas con pequeñas líneas de un color diferente en el iris suelen tener características complicadas, por lo que los demás las pueden considerar antipáticas y olvidarse de apreciar sus buenos modales.

8. El iris se asemeja al anillo de fuego que utilizan algunos equilibristas en el circo, y habla de impaciencia y carácter delicado. Estas personas deben esforzarse para encontrar buenos amigos.

7   8

9. Todo el interior de los ojos es muy poco claro. Las líneas de expresión apuntan hacia abajo y la pupila no está centrada. Las personas con esos ojos son tranquilas y pueden sentirse satisfechas con cosas simples.

10. La pupila apunta hacia arriba y el iris y el blanco del ojo no tienen una diferenciación clara. Parece que los ojos siempre estén sonriendo. Con esos ojos la persona se asegura la simpatía del sexo opuesto. Son insaciables, muy inteligentes y astutas.

9   10

11. El extremo puntiagudo apunta hacia la nariz, mientras que el extremo romo señala la oreja. Estas personas pueden impresionar al sexo opuesto y esto puede ayudarles a alcanzar sus objetivos, aunque deben tener cuidado de no verse envueltas en situaciones incómodas.

12. Estos ojos recuerdan a los de un león: son muy grandes y exigen respeto. El iris y la parte blanca están claramente diferenciados. El iris se encuentra un poco por encima de la línea media, mientras que el párpado muestra tres o más «pliegues». Estos ojos representan carácter noble, amabilidad, ternura y generosidad de espíritu. Las personas con estos ojos tienen mucho poder, pero no abusarán de él.

11   12

13. Estos ojos recuerdan a los de un tigre: formas grandes con un brillo dorado de colores y las arrugas de expresión señalan hacia arriba. Estos ojos miran al frente con mucha fuerza. Las personas con estos ojos (raros entre las mujeres) son valientes, inteligentes y honestas, se mantienen firmes y están bien equipadas para la riqueza.

14. La forma es redonda y la pupila tiene un brillo amarillento. La pupila, el iris y el párpado parecen apuntar hacia arriba. Las personas con estos ojos suelen mantener la cabeza inclinada y parpadear con frecuencia. Tienen un carácter activo, valiente y muy creativo. Siempre están activas y nunca se sienten cansadas.

13   14

15. La forma es larga y estrecha, con tres o más pliegues en los párpados. La expresión es amable y buena, al igual que la persona. Estas personas tienen mucha sabiduría.

16. La forma es larga y estrecha, con el iris situado en la parte superior. El brillo es amarillento y los párpados tienen un único pliegue. Las personas con estos ojos tienen un carácter complicado, por lo que deben esforzarse más para lograr la comprensión de los demás, y suelen ser felices estando solas.

15   16

17. En estos ojos, la pupila es mayoritariamente oscura con un brillo dorado. Ambos párpados, tanto el superior como el inferior, enmarcan claramente el ojo, dando lugar a una expresión muy clara. Tales ojos hablan de amistad y armonía, y estas personas pueden llegar a acumular grandes riquezas.

18. Estos ojos son largos y hundidos en las cuencas. El iris y la parte blanca están claramente diferenciados y ambos párpados son gruesos. La expresión es radiante. Las personas con estos ojos tienen un carácter puro; cumplen sus promesas y se puede confiar en ellas.

17   18

19. La forma es grande y redondeada, y el párpado superior tiene varios pliegues. El iris y la parte blanca están claramente diferenciados. Las personas con estos ojos experimentan la fuerza espiritual y la fuerza para mantenerse firme. Son sencillas, generosas, de mente abierta y, por lo general, muy queridas.

20. La forma de estos ojos es grande y redondeada. El iris también es redondo y se diferencia claramente de la parte blanca. Estos ojos parecen muy agradables y tranqui-

los, y están rodeados por un pliegue tanto en la parte superior como en la inferior; las líneas de expresión apuntan hacia arriba. Las personas con estos ojos están muy dispuestas a ayudar, y son cariñosas y muy queridas.

19   20

21. La piel que rodea estos ojos es bastante laxa y tiene varios pliegues en la parte inferior, pero sólo uno en la superior. Las líneas de expresión están ligeramente inclinadas hacia arriba. Las personas con estos ojos trabajan duro para alcanzar el éxito y tener una buena relación.

22. Esta forma de ojos no tiene pliegues ni en la parte superior ni en la inferior. Las líneas de expresión están inclinadas hacia arriba. La parte coloreada suele ser moteada, lo que le da un aspecto ligeramente turbio. Las personas con estos ojos trabajan duro para vivir bien, ya que nada es fácil para ellas. Son capaces de mantener lo que han conseguido.

21   22

23. Estos ojos están rodeados por una piel gruesa y pesada, miran fijamente y tienen una curva ligeramente hacia fuera. No muestran ninguna línea externa y la parte

blanca tiene un aspecto algo turbio. Las personas con estos ojos pueden no parecer amistosas a primera vista, pero lo son y pueden tener talentos y energías inusuales.

23

La nariz: «La montaña del dragón tierno»

En todas las culturas y a lo largo del tiempo, la nariz ha sido reconocida como una característica importante. Las características de la nariz pueden afectar al equilibrio general del rostro, pero va más allá del atractivo estético, ya que la nariz ha jugado un papel en el arte, la psicología, la historia y la cultura popular.

Desde la Antigüedad, la nariz ha sido considerada el «órgano de la reputación» y se creía que reflejaba los rasgos del carácter y de la personalidad. Aún hoy en día, hay personas que estudian el vínculo entre rasgos físicos y rasgos de carácter.

Antes de pasar a comentar el significado de la nariz en el feng shui corporal, es necesario mencionar que se considera que la nariz perfecta mide un tercio de la altura de la cara, con la misma distancia por encima y por debajo, mientras que la anchura en las fosas nasales no debe ser mayor que el espacio que hay entre los ojos.

En las enseñanzas del feng shui corporal, se considera que la nariz es la clave para comprender la relación entre una persona y la riqueza, así como la relación entre la personalidad y la felicidad en el amor.

En términos generales, las partes A, B y C deben formar una línea recta, las partes D y E deben ser del mismo tipo y la parte F no debe ser demasiado alta (inclinada hacia arriba) ni demasiado puntiaguda. Al igual que con los ojos, existen diferentes tipos de nariz, cada uno de los cuales tiene un significado particular. Los siguientes son los doce tipos más comunes:

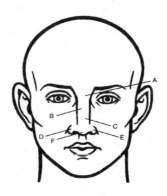

Los puntos importantes de la nariz

1. La parte A es ancha y gruesa, claramente pronunciada; las partes B y C son rectas y llenas; las partes D y E son similares, y la parte F es carnosa. Una nariz así habla de una gran riqueza para toda la vida. Las personas con este tipo de nariz son honestas, justas y equitativas. Es la nariz de la fama y la riqueza.

2. La parte A es plana; las partes B y C están conectadas por un arco redondo; las partes D y E tienen un rasgo marcado, y la parte F es completa y carnosa. Las personas con este tipo de nariz pueden ser ricas y estar bien consideradas, y son muy inteligentes, sabias y justas.

3. Las partes A, B y C están en la misma línea, pero no demasiado alta; las partes D y E son similares entre sí y no

demasiado grandes, y la parte F está llena. Una nariz así habla de felicidad, una larga vida, riqueza, armonía y sencillez.

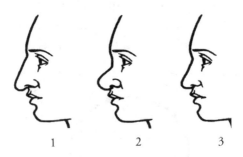

4. Las partes A, B y C forman una línea extrema y nítida, sin carne, y la parte F es puntiaguda y sin carne. Las personas con este tipo de nariz tienen un carácter correcto y trabajan duro durante toda su vida para conseguir lo que buscan, ya sea en los negocios o en los asuntos privados.

5. Esta nariz se ve como si la parte A estuviera debajo de las partes B y C; la parte F, en cambio, apunta hacia arriba, razón por la cual la parte A aparenta estar debajo de las partes B y C. Toda la nariz parece grande, aunque no es carnosa. Las personas con este tipo de nariz tienen una buena relación con sus familiares cuando se esfuerzan por lograrlo.

6. Al observar este tipo de nariz, destacan las grandes aberturas en las partes D y E; en cambio, las partes A, B y C forman una línea bellamente inclinada, mientras que la parte F no es carnosa. Este tipo de nariz habla de coraje, sentido de la justicia y ambición.

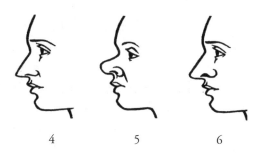

| 4 | 5 | 6 |

7. Las partes B y C forman un montículo. Toda la nariz es grande, pero no muy carnosa. Las personas con este tipo de nariz se esfuerzan por llevarse bien con los demás, a menudo prefieren estar solas, tienen el coraje de actuar de manera diferente a los demás y son honestas.

8. La parte A se encuentra en una cueva, la parte B recuerda una colina y la parte C nuevamente se encuentra en una cueva; finalmente, la parte F sobresale bruscamente. Las personas con este tipo de nariz tienen buen humor y son fuertes, aunque es fácil que aparezca una competencia con las personas del sexo opuesto.

9. Las partes B y C están elevadas, pero inclinadas, mientras que la parte F es larga y afilada. Las personas con este tipo de nariz suelen tener mal genio, tienen el coraje de correr riesgos y son inteligentes para llevar a cabo planes. A esta nariz se la conoce como aguileña porque recuerda el pico de un águila.

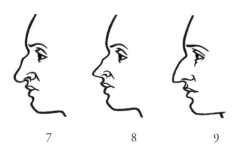

| 7 | 8 | 9 |

10. La nariz y la frente forman una línea casi continua. Cuanto más grande es la nariz, más fuerte es la personalidad de la persona. La personalidad puede conducir tanto al liderazgo como al ego y al deseo de trabajar de forma independiente. Las personas de nariz grande odian recibir órdenes y les gusta ser sus propios jefes; prefieren hacer contribuciones grandes y muestran menos interés por las tareas pequeñas.

11. La peculiaridad de esta nariz es más fácil verla mirándola de frente. Las partes B y C forman un montículo que se extiende hacia ambos lados. Las personas con este tipo de nariz son muy cuidadosas con el dinero y tienen una fuerte voluntad de seguir su propio camino.

12. Esta nariz tiene una línea muy hermosa, pero las partes D y E no son iguales. Las personas con este tipo de nariz tienen que trabajar duro para alcanzar su objetivo, deben tener cuidado con los asuntos financieros y tienen suerte en el amor. Este tipo de nariz es tan extraordinario que no se debe hacer ninguna comparación con los otros tipos.

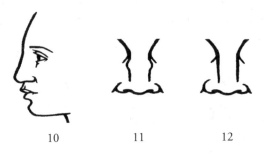

10   11   12

Los labios: «Las orillas del arroyo del murmullo»

Todo el mundo sabe que los labios cumplen funciones importantes a la hora de comer, beber y hablar. Los labios son el punto focal del rostro durante las interacciones sociales; desempeñan muchos papeles importantes y son especialmente importantes en la comunicación, tanto verbal como no verbal. Además, las personas utilizan los labios para comunicar una gran diversidad de sentimientos a través de la expresión facial.

Los labios son vitales para las relaciones interpersonales, especialmente en el amor; ¿alguien puede llegar a imaginarse una relación amorosa sin besos? El alma que puede hablar a través de los ojos también puede besar con la mirada.

En la antigua China hubo un gran compositor y poeta. Una vez interpretó ante el emperador un poema que dedicó a una belleza con la sonrisa más dulce:

> *En nuestro país vive una chica*
> *que es adorable, tierna y de gran belleza.*
> *Pero vive aislada, nadie puede verla.*
> *Si viviera entre la gente y sonriera una única vez,*
> *toda la ciudad estaría a sus pies.*
> *Y si sonriera por segunda vez,*
> *todo el país se arrodillaría ante ella.*

Muy emocionado, el emperador preguntó a su consejero:

—¿Existe realmente esta chica, o es sólo una fantasía de nuestro poeta?

—Oh, sí, mi emperador, ella existe; es hermana de nuestro poeta, que escribió este poema sólo para ella –le susurró el consejero.

El final de la historia es predecible: el emperador conoció a la chica y se enamoró de ella. Poco después, todo el país se arrodillaba ante la sonrisa de esos maravillosos labios.

Para comprender Asia, es necesario saber que allí la sonrisa es más apreciada que la risa. Es por esta razón por lo que Japón se conoce como «el país de las sonrisas», y en China hay un proverbio que dice: «Si dices "sí", sonríe. Si dices "no", sonríe. Si callas, sonríe».

Independientemente del tipo de sonrisa, siempre aparece en los labios. Según el feng shui corporal, los labios deben tener una forma clara, no deben ser demasiado finos ni demasiado gruesos, y siempre deben estar coloreados. Cuando una persona sonríe, no deben verse los dientes. En los siguientes diagramas muestro las diez formas de labios más importantes:

1. Esta forma significa honestidad, inteligencia y seriedad. Conduce al éxito, la riqueza, la longevidad, la salud y, posiblemente, muchos hijos.
2. En esta forma se puede reconocer un carácter dulce y tierno de la más alta inteligencia. Una persona con esos labios es muy querida y tiene éxito y riquezas.

1   2

3. Esta forma habla de inteligencia. Una persona con este tipo de labios puede hablar bien, tiene éxito en su carrera y, por lo tanto, es bastante rica.

4. Una persona con este tipo de labios puede ser muy fuerte antes de hacer buenas críticas; por lo tanto, se ve obligada a trabajar duro para ganarse la simpatía de los demás, por lo que suele preferir quedarse sola.

3   4

5. Una persona con este tipo de labios se hace amiga de personas extraordinarias, a menos que prefiera estar sola. Aparentemente está feliz de estar sola, pero sigue buscando la amistad. Puede hacer un gran esfuerzo para alcanzar el éxito.

6. A una persona con este tipo de labios le encanta compartir lo que sabe con los demás y también es muy crítica. Se moverá mejor en temas relacionados con la inversión.

5   6

7. Una persona con este tipo de labios es cortés y conservadora, hace cumplidos para complacer a los demás y tiene mucho cuidado con decir lo que realmente piensa.

8. Las personas con este tipo de labios dan más críticas que cumplidos, tienen una opinión personal fuerte y son honestas y directas.

7   8

9. Este tipo de labios habla de una gran flexibilidad. Las personas con estos labios pueden sentirse bien en nuevos lugares y asuntos, tienen coraje para correr riesgos y a veces actúan antes de pensar; el mejor consejo para ellos es pensar detenidamente antes de tomar cualquier decisión.

10. Este tipo de labios habla de un carácter colorido y cambiante. Las personas con esos labios son interesantes y encantadoras, de pensamiento rápido y de actuación rápida, aunque su rapidez puede llevar a malentendidos y desgracias. El mejor consejo para ellos es: «Piensa rápido, actúa lento».

9   10

Además, se pueden señalar los siguientes puntos:

• Las personas con labios gruesos y bien coloreados y cuyas comisuras apuntan hacia arriba suelen ser de naturaleza amigable y feliz.
• Los labios carnosos siempre son mejores que los finos, pero sólo cuando están equilibrados con las otras proporciones faciales.

- Las personas que continuamente aprietan los labios no son muy honestas.
- Una mueca suele indicar un apetito insaciable en todas las áreas.
- Si la boca es grande y desproporcionada con el resto de la cara, la persona a menudo hace planes que no cumple y no puede arreglárselas con el tiempo.
- Las personas que raramente abren los labios son pensadores muy serios y directos.
- Si el labio superior sobresale más allá del labio inferior, hay un problema de autoestima. Estas personas a menudo hacen planes equivocados y provocan muchas complicaciones.
- Para los hombres: si el labio superior es más grande que el labio inferior, indica un carácter estable.
- Para las mujeres: si el labio inferior es más grande que el superior, esto indica paciencia y ternura.

Los dientes: «Flores de loto en el barro»

Los dientes son las sustancias más duras del cuerpo humano. Además de ser imprescindibles para masticar, los dientes desempeñan un papel en la nutrición y la salud en general. Los dientes permiten que la persona siga una dieta saludable y se mantenga bien nutrida al preparar la comida para la deglución y la digestión. Además, los dientes también desempeñan un papel importante en el habla. Así pues, los dientes de una persona no sólo están ahí para que aparezca atractiva en las fotografías. El feng shui corporal también explica cómo los diferentes caracteres se ven influidos por los diferentes tipos de dientes.

Los dientes deben ser rectos y fuertes, y deben estar juntos. Además, los dientes blancos y brillantes son preferibles aunque no sean cortos ni rectos: Las encías deben quedar ocultas. En China se dice que las mujeres cuyas encías se ven cuando abren la boca están muy dispuestas a entregarse en asuntos amorosos, y que los hombres cuyas encías son visibles tienen su propio comportamiento y carácter: ignoran lo que se considera correcto o incorrecto en una sociedad en particular. Las personas que tienen pequeños espacios entre los dientes deben tener más cuidado con el dinero.

Una persona tiene entre veintiocho y treinta y dos dientes. Cuantos más dientes tenga, más activos estarán su corazón, su alma y su mente; es por esto por lo que se tiene que reflexionar cuidadosamente antes de extraer un diente, ya que son las joyas de la boca: se parecen a las flores de loto, cuyos pétalos agradan al observador por su belleza.

Las cejas: «Dragones en el jardín del templo»

El filósofo Zhuangzi[1] dijo una vez: «Las cosas más pequeñas también pueden ser las más importantes». Con respecto a las cejas, este sabio está en lo cierto, ya que, aunque se pudiera pensar que las cejas son menos útiles en el rostro que la nariz, los ojos, la boca o los oídos, no es así: sin las cejas no podríamos ver tan bien porque evitan que el sudor de la frente corra hacia nuestros ojos. Además, un rostro sin cejas no sería muy atractivo.

En términos generales, en las enseñanzas del feng shui corporal se aplican los siguientes puntos con respecto a las cejas:

---

1. Nacido en el siglo IV a. C., Zhuangzi está considerado el segundo taoísta más importante y heredero del pensamiento de su fundador, Laozi. *(N. del T.)*

- Es bueno que el vello sea suave y firme al mismo tiempo.
- También es bueno que crezca en la misma dirección.
- El color oscuro es el mejor.
- El punto de inicio de la ceja debe ser el mismo que el del ojo.
- El final de la ceja debe quedar un poco más allá del final del ojo, hacia la oreja.
- Si una ceja en dirección a la oreja es muy corta o muy larga, puede traer tanta suerte como la ceja perfecta.
- Si una ceja es muy larga hacia la nariz, puede traer temperamento caliente y poca paciencia; si es al revés, puede traer cautela y prudencia.
- Las cejas deben estar llenas, pero es bueno que cada pelo sea visible al mirarlas de cerca.
- Una ceja gruesa suele hablar de coraje.
- Una ceja delgada sugiere pensamiento cuidadoso, caracterizado por hábitos y comportamientos ordenados y sistemáticos.
- Si los pelos del inicio de la ceja crecen irregularmente en diferentes direcciones, la persona es flexible y puede manejar situaciones y riesgos desconocidos.
- Si los pelos crecen irregularmente en la punta de la ceja, la persona es conservadora y prudente, y le gusta ceñirse a lo que conoce en lugar de buscar lo desconocido.
- Para las personas con marcas de nacimiento en las cejas, se aplica lo siguiente: si la marca es negra o roja o muy brillante, la persona es inusualmente inteligente y además tiene un carácter muy noble; si el color de la marca no es claro ni brillante, no es ni buena ni mala.

Para que te puedas formar una mejor imagen de los diferentes tipos de cejas, a continuación te explico las quince formas más importantes:

1. «La estrella de larga vida». Es larga y ancha, y todos los pelos son muy largos y crecen hacia abajo. Esta forma es sinónimo de una vida larga y saludable. Las personas con este tipo de cejas son muy amables y polifacéticas, y sexualmente muy activas.

2. «El tigre dormido». Una persona con este tipo de cejas suele parecer enojada, pero en realidad es muy amigable. Está interesada tanto en asuntos espirituales como materiales, y es extremadamente ambiciosa.

3. «El capullo de seda dormido». Se supone que conducen a la riqueza, la fama y una larga vida. Una persona con este tipo de cejas a menudo es muy inteligente, sencilla y confiada, y tiene ansias por aprender. También está muy interesada en asuntos espirituales y materiales.

1   2   3

4. «Ceja de pureza». Garantiza una vida cómoda y libre de preocupaciones. Las personas con este tipo de cejas son familiares, hacen buenos amigos y nunca decepcionan.

5. «El dragón». En la antigua China se decía que las personas con este tipo de cejas debían ser respetadas como un emperador. Son personas muy inteligentes y valientes, y tienen una personalidad sobresaliente con un carácter estable.

6. «El machete». Este tipo de cejas no es tan peligroso como sugiere su nombre y puede conducir a la persona al éxito incluso al comienzo de la vida. Son personas con una personalidad dura; no aceptan consejos, pero son

muy valientes y siempre quieren salir victoriosas. A veces hacen daño a otros sin querer.

7. «La hoja de sauce». Las personas con este tipo de cejas pueden tener éxito y, aunque no sean famosas, suelen ser al menos adineradas. Son personas muy dulces y con buena personalidad; son inteligentes y están deseosas de aprender; además, también son honestas y fieles.

8. «La medialuna». Las personas con este tipo de cejas pueden tener mucho éxito en su carrera y pueden transmitir este éxito a sus familiares y parientes. Son sensibles, tienen un corazón puro lleno de amor, son amables y cariñosas, y están extraordinariamente dispuestas a ayudar.

9. «Las tijeras». Son cejas en su mayoría muy cortas. Las personas con este tipo de cejas se contentan con un pequeño éxito en cualquiera de sus esfuerzos. Piensan mucho antes de actuar, no se sienten atraídas por la propiedad y a veces viven su vida sin tener en cuenta las reglas. Afortunadamente, esta forma es muy rara entre las mujeres.

10. «La espada». Las personas con este tipo de cejas suelen tener una vida muy variada, y, por lo tanto, también

deben esforzarse más para tener éxito. Estas personas pueden parecer impacientes o inofensivas, tienen un pronto muy fuerte y dedican tiempo a las cosas que ven como un buen recurso rápido.

11. «El cepillo». Las cejas de este tipo hablan de éxito hasta la media edad; después de eso, las personas deben cuidarse para mantener este éxito. Se trata de personas poco sentimentales o cariñosas, pero que cumplen sus promesas.

12. «La manga de viento». Las personas con este tipo de cejas son exitosas o felices; parecen nobles, confiables y encantadores, y trabajan duro para alcanzar un deseo tras otro.

10   11   12

13. «La judía mungo». Las personas con este tipo de cejas se esfuerzan mucho para tener una buena vida. Disfrutan estando solas.

14. «La espiral». Estas cejas pueden conducir al éxito si las otras características del feng shui corporal también son buenas. Si no es el caso, tendrán que trabajar duro para lograr el éxito. Sin embargo, suelen ser personas con mucho coraje y muy motivadas, pero a menudo no son familiares.

15. «La recta». Si las otras características de feng shui corporal son positivas, entonces las personas con este tipo de cejas pueden tener mucho éxito, ya incluso en las primeras etapas de la vida.

13   14   15

Las orejas: «Las hojas del árbol de la esperanza»

Si bien la audición es la función obvia del oído, también es el órgano principal para nuestro sentido del equilibrio. Físicamente, el oído se divide en tres partes: el oído externo (la oreja), el oído medio y el oído interno. Los oídos externo y medio se encargan sobre todo de captar y transmitir el sonido, mientras que el oído interno traduce estas ondas sonoras para transmitirlas al cerebro.

Las orejas tienen mucha importancia, pero por lo general les prestamos poca atención cuando nos encontramos con alguien por primera vez. Sin embargo, el estudio del feng shui corporal ofrece una visión útil de cómo ha crecido una persona y diferentes detalles sobre su salud, su fama, su riqueza y su carácter. A grandes rasgos, conviene prestar atención a las siguientes características:

- Las orejas deben estar «bien definidas», lo que significa que está bien si todos los detalles son igualmente distinguibles.
- La longitud de las orejas es importante. Por arriba debe terminar a la altura del extremo de las cejas, mientras que por debajo debe terminar a la altura de la punta de la nariz.
- Las orejas deben estar cerca de la cabeza.
- El lóbulo de las orejas debe ser grande, grueso y blando.
- Los lóbulos que se fijan a la cabeza son menos deseables.

- Aunque se diga «cuanto más grande, mejor», las orejas deben ser proporcionadas a la cara.

- Si las orejas son muy grandes, se dice que aportan inteligencia, trabajo duro y larga vida. Las personas con este tipo de orejas son modestas, felices y no buscan metas imposibles de alcanzar.

- Las personas con las orejas muy pequeñas son sentimentales, sensibles y cuidadosas, y renuncian voluntariamente a la propia opinión para aceptar los consejos de los demás.

- Las personas con orejas que se extienden mucho más allá de las cejas son buenas para organizar su vida diaria y pueden disfrutar de los trabajos rutinarios y las cosas sencillas, ya que les gusta la vida estable y cómoda. Además, son muy emocionales y también les gusta mostrar sus propios talentos.

- Las personas con las orejas proporcionalmente muy pequeñas son muy cautelosas y sólo tomarán una decisión después de pensarlo detenidamente.

- Las personas con las orejas terminadas en punta son muy inteligentes y poco sentimentales; pueden reprimir los sentimientos personales para alcanzar una meta.

- Las orejas proporcionalmente muy grandes, bien formadas y más claras que el rostro hablan de gran fama o riqueza, o posiblemente de ambas cosas.

- Las personas con orejas finas o de color rojo oscuro o aspecto quemado son delicadas de salud y necesitan más cuidados tanto para la salud como para la riqueza.

- Cuanto más gruesas y consistentes sean las orejas, mejor será la persona en los asuntos financieros.

- Las personas que tienen ambas orejas de diferente tamaño son cuidadosas y lentas a la hora de actuar y pensar. A las personas con este tipo de orejas les conviene más trabajar solas que con otras personas.

- Lo mismo se aplica si una de las dos orejas está más avanzada que la otra.

En el feng shui corporal (al igual que en la acupuntura), las orejas desempeñan un papel especial, por lo que es necesario señalar las regiones más importantes (*véase* la ilustración) en relación con las enseñanzas de los cinco elementos. Al hacerlo, podremos saber a qué elemento pertenecen las orejas de una persona. Esto, a su vez, puede permitir saber más sobre la relación de la persona con la felicidad privada y profesional, así como sobre su carácter:

- B y C señalan hacia delante, D (el lóbulo de la oreja) es diminuto y la distancia entre B y G es significativamente mayor que entre E y F. La oreja está un poco torcida; su elemento es la Madera. Las personas con este tipo de orejas se pasan el día trabajando, prefieren trabajar a divertirse, disfrutan de estar solas y no tienen ningún problema en la vida.
- A es puntiagudo y llega más allá del final de la ceja, B y C están inclinados y la oreja es grande, gruesa y sólida. Su elemento es el Fuego. Las personas con este tipo de orejas son raras y poco frecuentes, trabajan duro para alcanzar la riqueza y la fama, y están dispuestas a sacrificar la vida familiar y la relación amorosa para alcanzar su objetivo.
- A es redondo, B y C están claramente separados y D es largo, blando y grueso. Su elemento es la Tierra; son grandes y fuertes. Las personas con este tipo de orejas pueden enriquecerse, tener éxito gracias a su propio poder y pueden enriquecer el negocio familiar (si lo tienen).
- La línea de B a G es más corta que la línea de E a F, D es muy largo, firme y blando, y B y C están claramente sepa-

rados entre sí. Pertenece al elemento Metal. Las personas con este tipo de orejas tienen la oportunidad de volverse ricas y famosas. Son muy inteligentes, aman las bellas artes y tienen buen gusto; son fuertes y siempre mantienen la compostura, y pueden ser muy cariñosas.

• Toda la oreja es gruesa, grande, blanda y redonda, y D se encuentra al comienzo del cuello. Su elemento es el Agua. Las personas con este tipo de orejas alcanzan el éxito sin tener que esforzarse demasiado. Tienen un talento inusual, comprenden las cosas rápidamente, son decididas, no se toman nada demasiado en serio y son muy flexibles.

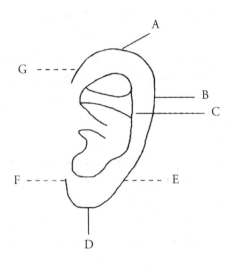

Los puntos más importantes de la oreja

Las arrugas: «La erosión de la vida»

En Asia, las personas mayores son estimadas y tratadas con gran respeto, y se las considera más sabias. Así reza un viejo refrán chino: «Los ancianos han cruzado más puentes que carreteras por las que han pasado los jóvenes». Es bastante natural que la vejez se relacione con las arrugas, por lo que las arrugas son un signo de sabiduría y experiencia en la vida. Hoy en día, a menudo las personas hacen todo lo posible para evitar las arrugas, pero en el estudio del feng shui corporal, las arrugas son una guía de la experiencia de vida y la personalidad.

En términos generales, las arrugas alrededor de la boca y el mentón son más fáciles de detectar en hombres que en mujeres. Las enseñanzas del feng shui corporal dicen que los hombres que tienen más de treinta años pero que aún no exhiben arrugas que bajan desde ambos lados de la nariz hasta las comisuras de la boca tienen una salud delicada y necesitan trabajar duro para mantener su rutina diaria. Normalmente, estas líneas deben estar bien abiertas y claramente marcadas y pasar por las comisuras de la boca; este tipo de arrugas son indicativas de una vida larga y saludable.

Los siguientes dibujos representan los cinco tipos básicos:

1. Las arrugas se extienden amplia y claramente desde ambos lados de la nariz más allá de las comisuras de la boca. Son un signo de felicidad y larga vida.

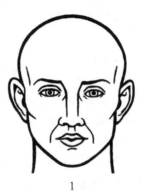

1

2. Las arrugas se extienden desde ambos lados de la nariz justo hasta las comisuras de la boca. Las personas con este tipo de arrugas pueden tener éxito, pero deben prestar atención para mantenerlo.

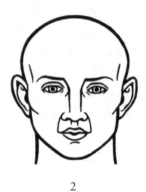

2

3. Las arrugas se extienden amplia y claramente desde ambos lados de la nariz justo hasta las comisuras de la boca, y desde allí se prolongan en forma de medialuna hacia el mentón. Tales arrugas indican riqueza y larga vida, siempre que la persona trabaje duro para lograrlo.

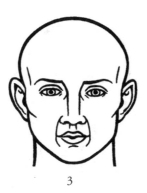

3

4. Las arrugas se extienden desde ambos lados de la nariz hasta los labios y forman un anillo; también van desde ambos lados de la nariz hasta el mentón. Las arrugas de este tipo indican que la persona es muy cuidadosa en la gestión de su vida social y los asuntos económicos.

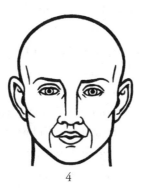

4

5. Las arrugas se extienden desde ambos lados de la nariz hasta los labios y forman un anillo; además, dos arrugas se extienden desde las comisuras de la boca hasta ambos lados de la nariz. Las personas con este tipo de arrugas requieren más cuidados para gozar de buena salud.

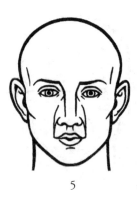

5

Aparte de las arrugas de las mejillas y del mentón, también se asigna un significado a las arrugas de la frente. Por lo general, es muy natural tener arrugas en la frente después de cierta edad. Si se cruzan, indica que la persona ha experimentado una vida cambiante y ha pasado por experiencias difíciles; si recorren la frente en vertical, significa que la persona está considerando tomar una decisión o resolver un problema.

A continuación, se explican las formas verticales más comunes de las arrugas de la frente:

1. Dos arrugas se extienden hacia arriba desde las cejas, con otra arruga vertical entre ellas. Indica dolor. Pero si las otras partes de la cara son favorables según las enseñanzas del feng shui corporal, el efecto doloroso de estas arrugas se anula.

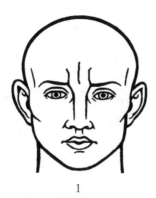

1

2. Una única arruga se extiende hacia arriba, justo entre los ojos. Si la arruga es muy profunda, es un signo de infelicidad. Sin embargo, si otras partes de la cara son favorables según las enseñanzas del feng shui corporal, se cancelan los efectos de esta línea.

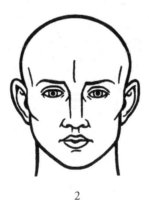

2

3. Hay una arruga vertical y otra que se asemeja a una L ligeramente inclinada (podrían ser dos líneas). Las personas con este tipo de arrugas se esfuerzan mucho para conseguir el éxito y la felicidad.

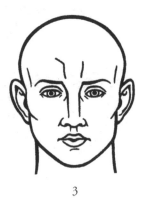

3

4. Las líneas dobles que se cruzan en la frente son un indicio de la posibilidad de un abandono de las tradiciones familiares.

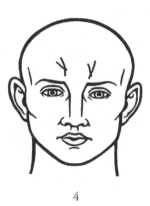

4

5. Las personas con arrugas en forma de parrilla se tienen que enfrentar a desafíos inesperados en la vida. De todos modos, según las enseñanzas del feng shui corporal siempre hay que mirar la imagen completa, y esto significa que todo lo negativo se puede equilibrar y que lo que más

cuenta es el propio sentimiento interior. El pensamiento positivo crea una personalidad positiva; ¡y la personalidad positiva crea buena suerte!

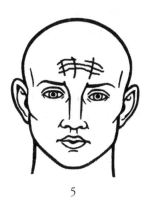

5

El pelo: «Nubes en el río de la eternidad»

En el mundo occidental, los hombres y las mujeres se preocupan mucho por sus peinados. Por supuesto, admitimos que un determinado peinado puede influir significativamente sobre la vida personal y profesional de una persona, pero en las antiguas enseñanzas del feng shui corporal no se habla de los peinados, sino del pelo en sí.

Todo el mundo sabe que un peinado tiene que encajar con la forma de la cara, el físico, el trabajo, el carácter y (también de alguna manera) la pareja. Esto es realmente así, pero lo más importante es la calidad, el color y el brillo del pelo, la dirección de crecimiento del pelo y el aspecto general del vello corporal. A grandes rasgos, se puede decir que el pelo no debe ser ni demasiado fino ni demasiado grueso, ni demasiado duro ni

73

demasiado suave, ni haber demasiado ni muy poco. La dirección de crecimiento del pelo debe ser claramente reconocible; un desorden indica algún aspecto desfavorable. El color natural del pelo debe ser evidente, y lo mismo ocurre con su brillo. En el caso de las mujeres, es bueno que su pelo sea algo más fino y suave que el de los hombres.

Se debe prestar atención a los siguientes puntos:

- Una persona muy delgada con el pelo muy grueso tendrá una vida sexual muy variada (aunque no sea lo que desee).

- Una persona con el pelo grueso y áspero, pero que se ajuste positivamente a los otros criterios del feng shui corporal, tendrá éxito, a pesar de que tendrá que luchar por ello. Pero si este pelo áspero y grueso tiene un color muy hermoso y un brillo agradable, el éxito puede llegar más rápido y más fácilmente.

- Una persona obesa con el pelo fino no tendrá mucho valor para luchar por el éxito; de todos modos, esto no significa que no tendrá éxito.

- La calidad del pelo está en relación con la calidad de la piel. Cuanto más fino es el pelo, más suave es la piel, y cuanto más áspera es la piel, más áspero es el pelo. Por supuesto, en el feng shui corporal el primer caso es un aspecto positivo, mientras que el segundo caso está menos armonizado, pero no significa necesariamente que tenga una influencia negativa sobre la vida.

- Para los peinados, las enseñanzas del feng shui corporal dicen que la frente siempre debe estar despejada porque se considera un símbolo del brillo del alma. Las mejillas tampoco deben quedar cubiertas, ya que se consideran las «puertas del alma» y, al igual que sucede con una casa, no deben estar permanentemente cerradas.

- Las mujeres con el pelo corto son, según las enseñanzas modernas del feng shui corporal, de corazón abierto e independientes.
- Las mujeres con el pelo muy corto a menudo crecen sin mucho amor paterno, razón por la cual más adelante en la vida anhelan atención y amor.
- Las mujeres con el pelo corto y permanente suelen ser inseguras y suelen actuar de forma conservadora en cuestiones de amor y vida.
- Las mujeres con el pelo largo hasta los hombros y con las puntas rizadas hacia dentro se preocupan sobre todo por su aspecto, y a menudo descuidan todo lo demás. Parecen elegantes, pero es difícil llevarse bien con ellas.
- Las mujeres con el pelo largo y marcado con rulos son románticas y desean una vida cómoda y perfecta, y les resulta más fácil salir airosas de las relaciones. Tienen la suerte de conseguir todo lo que quieren sin tener que esforzarse mucho.
- Las mujeres con el pelo muy largo y ondulado desean una vida lujosa y están dispuestas a renunciar a estudios más profundos. Están más interesadas en los pequeños detalles que en el panorama general.
- Las mujeres con el pelo muy largo y liso sin recoger tienen buena voluntad y son tiernas e inteligentes. Además, se sienten atraídas por el amor y la belleza.
- Las mujeres con el pelo largo recogido en una trenza se consideran seguras de sí mismas, dispuestas a ayudar, inteligentes y ordenadas. Están abiertas a asuntos espirituales, pero están menos inclinadas a la vida social.
- Las mujeres con el pelo largo recogido tienen muy buen gusto. Son elegantes, pero a veces pueden ser un poco arrogantes.

- Las mujeres con gomina en el pelo son algo desordenadas. Parecen amigables, pero en realidad no es fácil entablar amistad con ellas. Suelen tener más éxito en su trabajo que en su vida privada.
- Un peinado que cubra la frente puede significar que la persona está sufriendo algo que no quiere revelar. El carácter de tales mujeres es dulce y tierno, aunque no lo parezca.
- Los peinados que cubren las mejillas pueden significar que la persona es valiente o muy indecisa. Estas mujeres dan la impresión de que consiguen cosas extraordinarias, pero al mismo tiempo, a menudo tienen dudas. Pueden tener problemas en una relación.
- Los peinados que se peinan desde el centro indican que la persona es honesta, valiente y realista.
- Los peinados que se peinan hacia un lado revelan una tendencia romántica.
- Las mujeres que se peinan hacia atrás no siempre muestran sus verdaderos sentimientos. Sin embargo, tienen un carácter noble y una gran comprensión de los niños.
- Las mujeres occidentales que prefieren los peinados africanos constantemente buscan cosas nuevas y les encanta tomar sus propias decisiones. Pueden controlar fácilmente situaciones difíciles.

Cuando se habla de pelo, no se debe olvidar que la barba también consta de pelo y, por lo tanto, también recibe la atención del feng shui corporal, sobre todo porque está estrechamente relacionada con la hormona sexual testosterona, que mejora el crecimiento de la barba entre los hombres.

La barba masculina crece específicamente en tres áreas: en el mentón, entre la nariz y los labios (zona del bigote) y en las mejillas. Es bueno que las áreas que cubre una barba completa sean claramente reconocibles, pero si la barba crece «salvajemente», el pelo rodeará la boca como un círculo; el feng shui corporal considera la boca como la entrada de la suerte y, comprensiblemente, esta entrada no debe bloquearse.

La calidad del vello facial debe ser la misma que la del pelo de la cabeza, y lo mismo ocurre con la cantidad. Poca barba significa que la persona puede tener dificultades para conseguir el éxito de forma independiente a pesar de que tenga suficiente talento. Una barba muy poblada indica que la persona es muy activa en asuntos amorosos y que tiene mucho coraje, pero no es muy cuidadosa. Una barba fina muestra que el propietario es dulce; estas personas pueden tener éxito en su juventud, pero a veces no basta con su fuerza para mantenerlo, por lo que necesitan la ayuda de otros. Las personas con vello facial denso suelen ser impacientes y sus vidas fluctúan constantemente.

Las manos: «El camino hacia el corazón»

Siempre que se habla de manos y de su significado especial, tendemos a pensar en las líneas de las palmas y sus interpretaciones. Por supuesto, como esto es imposible de practicar a primera vista, la forma de las manos, los dedos y las uñas es más importante que las líneas de las palmas. Tal vez puedas entenderlo mejor gracias a una comparación: supón que la mano sea el territorio y las líneas de la palma sean las casas; ambas se necesitan. En el antiguo feng shui corporal, sin embargo, el territorio se considera más importante, por lo que no aprendemos nada sobre la casa. Quizás esto se deba a que se puede estudiar la forma de la mano de alguien en todo momento y sin problemas, mientras que estudiar la palma en detalle no es posible.

En términos generales, la forma de las manos también se puede asignar a los cinco elementos (Madera, Fuego, Tierra, Metal, Agua), pero además hay una sexta forma, una combinación de los cinco elementos y que se comentará más adelante. Una mano buena debe ser firme y fuerte, la piel debe ser algo brillante y los dedos deben ser de la misma calidad y consistencia; para que la mano esté en armonía, el pulgar tiene que ser más fuerte que los demás dedos. De acuerdo con esta armonía, es beneficioso que una mano larga también tenga dedos y uñas largos, y una mano corta tenga dedos y uñas más cortos. Si la mano se ve huesuda, blanda, laxa, arrugada, llena o desproporcionada, significa que la persona acepta un desafío en la vida.

Los siguientes diagramas muestran las cinco formas básicas de las manos:

1. Esta forma se da sobre todo entre las personas que trabajan predominantemente con la cabeza. La parte interna parece plana y la zona entre la muñeca y los dedos es más larga que los propios dedos. La carne de esta zona no es ni demasiado firme ni demasiado blanda, pero sí fuerte. Los dedos y las uñas son largos y se ven elegantes. La piel de las articulaciones de los dedos está ligeramente arrugada, la punta de los dedos no es redonda ni puntiaguda, y el pulgar es muy fuerte y no se puede doblar hacia atrás. Las personas con este tipo de manos suelen ser intelectualmente talentosas y pase lo que pase, su mente podrá analizar la situación. Son muy pacientes y capaces de afrontar los contratiempos. Tienen mucha resistencia y, si bien no pasan del dinero, aprecian los objetos hermosos. Suelen tener una personalidad idealista. Son personas con un gran gusto por el arte, aunque a veces parecen estar demasiado enamoradas de los detalles. Según las

enseñanzas de los cinco elementos, esta mano pertenece
al elemento Madera.

1

2. Las personas con este tipo de mano de forma extraña son
   muy románticas o idealistas. Son manos muy largas y extremadamente hermosas y finas; puede que sea la forma
   más hermosa de todas. Las palmas no son demasiado carnosas, pero tampoco son huesudas, los dedos son puntia-
   gudos y la piel de las articulaciones presenta muy pocas
   arrugas. Esta mano es elegante, noble y estética, pero las
   personas con este tipo de manos pueden perder rápidamente la calma y volver a recuperarla igual de rápido.
   Tienen un gusto excelente y sus pensamientos corren como caballos salvajes; por eso a menudo tienen demasiadas ideas, pero rara vez pueden hacerlas todas realidad.
   Son personas que a menudo tienen que confiar en otras
   personas y trabajar con ellas. Si tienen energía para hacer
   algo, no planifican por adelantado, simplemente se po-
   nen manos a la obra; por eso les resulta más difícil conseguir el éxito. Según las enseñanzas de los cinco elementos, esta mano pertenece al elemento Fuego.

2

3. Esta forma, conocida como «mano pionera», es ovalada, y la carne es especialmente firme y fuerte; es una mano trabajadora. La línea exterior no está claramente definida, pero presenta curvas ocasionales. La muñeca es muy pequeña, lo que hace que la mano parezca más grande. Los dedos parecen largos y anchos, y las puntas son planas y recuerdan a pequeñas ventosas. Las personas con estas manos son muy persistentes; reaccionan rápidamente, tienen mucha fuerza y rara vez se cansan. Se considera que son buenas desempeñando tareas manuales y tienen el coraje de admitir lo que hacen. Son personas dignas de confianza, de buen corazón y amigables. No les importan las apariencias y no son vanidosas ni les gusta presumir. Su talento y su fuerza a menudo las tientan a romper con la tradición. Les gusta decir lo que piensan y, por lo general, creen que son los únicos que tienen razón, por lo que se enfurecen rápidamente y es difícil hacerles cambiar de opinión. A estas personas les gusta ser independientes y, si tienen suerte, pueden llegar lejos. Según las enseñanzas de los cinco elementos, esta mano pertenece al elemento Tierra.

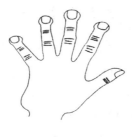

3

4. La forma de esta mano se conoce como «el cuadrado». Son manos que trabajan duro. El interior es muy firme, pero la carne es blanda. Las uñas son bastante cortas, al igual que los dedos. Tanto la punta de los dedos como las uñas son cuadradas y el pulgar es muy pronunciado. Las personas con este tipo de manos son muy realistas y observan con precisión los acontecimientos diarios y las noticias del mundo. Evitan gastar dinero en algo «no esencial», por lo que se aferran con fuerza a su dinero. También son personas muy inteligentes y pacientes. Por lo que respecta a su familia, son muy sencillas y económicamente razonables, y no pretenden ningún lujo innecesario. Según las enseñanzas de los cinco elementos, esta mano pertenece al elemento Metal.

4

5. Esta mano es redondeada y muy carnosa y blanda. Las arrugas en las articulaciones son difíciles de distinguir. Los dedos se asemejan a cucuruchos de helado invertidos. Tanto las uñas como las yemas de los dedos son redondas, con una punta pequeña. Las personas con este tipo de manos son talentosas en artes y oficios. Tienen buen corazón y son muy sentimentales. Suelen cambiar de punto de vista y no tienen mucho aguante, por lo que a menudo se dan por vencidas a mitad de camino. Entre los hombres es un signo de elocuencia, sensibilidad y comprensión, mientras que las mujeres con este tipo de manos confían en su propia opinión, actúan rápidamente para ahorrar tiempo y energía, son efectivas y tienen suerte en materia de amor. Además, son personas inteligentes a la hora de alcanzar sus metas. Según las enseñanzas de los cinco elementos, esta mano pertenece al elemento Agua.

5

6. Finalmente, hay otra forma que no se puede representar, porque como mezcla tiene infinitas posibilidades. Para determinar el carácter de este tipo de manos es necesario averiguar qué elemento de las enseñanzas de los cinco elementos predomina. Una vez averiguado, puedes tomar la descripción más adecuada de las formas 1 a 5.

Lo que se ha comentado hasta ahora siempre es útil cuando se quiere comprender el carácter y la personalidad de una persona, que es el propósito de las enseñanzas del feng shui corporal. Y resulta especialmente necesario cuando nos encontramos con una persona cuyo rostro no muestra ninguna desviación de la norma. De todos modos, nunca se debe olvidar que todo lo relacionado con una persona está influenciado por muchos rasgos y sería un error sacar conclusiones a partir de los detalles. Es necesario tener una visión general, razón por la cual el feng shui corporal es tan complejo. Con el feng shui, que se ocupa de la vida, también es importante considerar el todo para luego asignar el mismo significado a los detalles. Las personas que pueden lograr esto han dominado el secreto de la armonía. Con el feng shui existen numerosas ayudas para disuadir las cosas malas o para solucionarlas, y lo mismo pasa con el feng shui corporal; pero en este caso no es visible, porque se trata de la propia alma, el corazón y el yo interior de cada uno.

Si bien la mano en su conjunto desempeña un papel fundamental en el feng shui corporal, no se debe ignorar la importancia de cada uno de los dedos. En este sentido, el pulgar, considerado el dedo más importante:

- debe ocupar la posición correcta, lo que significa que la punta del pulgar debe llegar hasta el nivel indicado en la ilustración,
- debe tener una forma recta
- y no debe ser posible doblarlo totalmente hacia atrás.

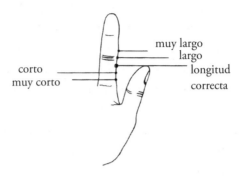

muy largo
largo
corto
muy corto
longitud
correcta

El pulgar correcto

Las personas con un pulgar fuerte de la longitud adecuada y con una constitución bonita rara vez cambian de opinión y no se rinden fácilmente: tienen un corazón dulce y son amables, inteligentes y astutas en asuntos comerciales.

Las personas con un pulgar largo suelen estar predispuestas a las tareas manuales, tienen una alta autoestima y se aferran a su propia opinión; si el resto de la mano tiene un feng shui corporal positivo, son capaces de hacer cosas extraordinarias.

Las personas con un pulgar corto son fácilmente influenciables, rara vez están ansiosas, les encanta aprender cosas nuevas y siempre saben reconocer cuando tienen una ventaja. Si el resto de la mano tiene un feng shui corporal positivo, pueden reaccionar bien y positivamente a todos los cambios en la vida.

A grandes rasgos, el pulgar se divide en tres partes: desde la punta hasta la primera articulación, desde la primera articulación hasta la segunda y desde la segunda articulación hasta el monte de Venus. La primera parte representa los deseos, las esperanzas y los anhelos, mientras que la segunda parte representa la capacidad de pensamiento lógico y racional. Por lo tanto, estas dos partes tienen que ver con la mente. La tercera parte, en cambio, tiene que ver con el cuerpo, ya que el monte de Venus aporta información sobre la libido de la persona. Las tres partes deben estar en armonía entre sí con respecto a su posición, firmeza y estabilidad. Para una mejor comprensión, a continuación muestro una guía de los nueve tipos de pulgares que hay:

1. Si el pulgar extendido forma una línea perfectamente recta, significa que la persona tiene un carácter muy firme, piensa en el futuro y no se desanima fácilmente. Por otro lado, puede parecer un poco terca y egoísta a ojos de los demás, pero en realidad tiene muy buen corazón.

2. Si el pulgar extendido forma una línea perfectamente recta en la que la primera parte está ligeramente curvada hacia fuera, la persona tiene muy buen juicio. Una persona con un pulgar así nunca duda antes de tomar una decisión, pero siempre está dispuesta a escuchar los consejos y las sugerencias de los demás. Es una persona generosa, pero no malgasta el dinero.

3. Si el pulgar extendido hace una curva perfecta hacia fuera, la persona es muy sensible. Una persona con un pulgar así se lleva bien con todos y es inteligente, comprensiva e indulgente. Su rostro muestra la emoción como un libro abierto. Gasta el dinero sin ningún tipo de problema.

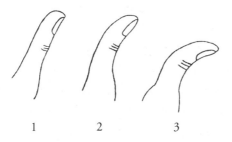

1   2   3

4. Si el pulgar extendido se dobla hacia dentro, se puede asumir que la persona no cambiará de opinión. Una persona con un pulgar así insistirá en su punto de vista y no dará crédito a los demás, ni siquiera a su propia familia. Es una persona apegada a la ley y muy controlada.

5. Si el pulgar extendido queda muy cerca del dedo índice, la persona trabaja bien en cooperación con otros y está contenta de ayudar a los demás a hacer realidad sus ideas.

6. Una distancia muy grande entre el pulgar extendido y el índice significa que la persona tiene un carácter de extremos, y puede parecer relajada aunque esté tensa. Una persona con este tipo de pulgar actúa rápidamente y está dispuesta a ayudar con generosidad.

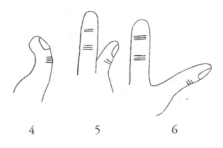

4   5   6

7. Si la primera parte del pulgar es especialmente delgada, indica cambios de humor e indecisión, así como un deseo de controlar desde arriba.

8. Si la punta del pulgar es muy redonda, se trata de una persona que prefiere ser física y atlética a perseguir ocupaciones intelectuales. Este tipo de persona tiene una personalidad fuerte y es muy temperamental.

9. Si la parte central del pulgar es más delgada que las otras dos partes, indica un nivel muy alto de actividad física y

mental. El sentido de la justicia es más flexible entre estas personas.

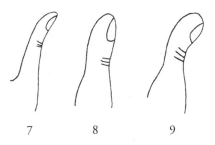

7   8   9

Aparte del pulgar, los otros dedos también tienen su importancia según las enseñanzas del feng shui corporal:

- El dedo índice debe llegar hasta el punto medio de la primera parte del dedo corazón.
- El dedo corazón no tiene que seguir ninguna norma de tamaño.
- La punta del dedo anular debe sobrepasar ligeramente el punto medio de la primera parte del dedo corazón.
- La punta del dedo meñique debe coincidir con la primera línea (desde la parte superior) del dedo anular.

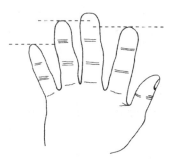

Proporciones de los dedos

Sobre el significado de los dedos individuales, se puede afirmar lo siguiente:

- El dedo índice aporta información sobre la autoestima de una persona. Si el dedo es recto, fuerte y de la longitud adecuada, la persona es inteligente y valiente. Si el dedo es más largo de lo normal, a la persona le gusta dominar, y cuanto más largo sea el dedo, más ansiará la persona el poder. En cambio, si el dedo es corto, la persona es benevolente y puede tomar en consideración los consejos de otras personas. Una persona con el dedo índice puntiagudo ama la libertad y puede soportar el desorden. Si la yema del dedo parece cuadrada, indica que la persona es realista; si la yema es puntiaguda, la persona es religiosa, mientras que si es ovalada, la persona siente curiosidad. Finalmente, si el dedo índice se encuentra lejos del dedo medio, indica una mente abierta.
- El dedo corazón indica cómo piensa una persona sobre la vida misma. Si este dedo tiene la longitud adecuada y es recto y fuerte, la persona es considerada y comprensiva, y tiene visión de futuro; una persona así es siempre amable y considerada. Si el dedo corazón es largo y ancho y, por lo tanto, parece demasiado grande, habla de atención, melancolía y una naturaleza muy sentimental. Si el dedo es corto, la persona es benevolente y puede tomar en consideración los consejos de otras personas. Si el dedo parece puntiagudo, la persona ama la libertad y tiende a crear desorden. Si la punta es cuadrada, indica una personalidad seria, mientras que si es ovalada, indica un corazón blando. Si el dedo corazón se encuentra muy cerca del dedo índice, indica fe ciega y obediencia, y si se encuentra muy cerca del dedo anular, es una persona generosa.

Según el feng shui corporal, el talento artístico se encuentra en el dedo anular. Si el dedo anular tiene la longitud adecuada y es fuerte, la persona tiene buen gusto, un carácter positivo y mucho talento para las artes y la artesanía. Si el dedo anular es muy largo, la persona tiene un talento sobresaliente para un arte; sin embargo, también buscará sacar siempre una ventaja y no aceptará ocupar un segundo lugar. Si por el contrario, el dedo anular es muy corto, la persona tiene un gusto único. Un dedo puntiagudo indica histeria leve y uno cuadrado, un carácter estable. Si la punta es ovalada, habla de resistencia y de una brillante carrera artística. Si el dedo anular está muy lejos del dedo medio, significa que la persona no puede juzgar las consecuencias de sus acciones, mientras que si el dedo está muy cerca del dedo corazón, la persona está chapada a la antigua.

El dedo meñique muestra el talento de una persona para el trabajo científico, así como el talento en asuntos comerciales y la capacidad para hablar en público. Si el dedo tiene la longitud adecuada y es fuerte, indica inteligencia y buena conducta comercial. Si el dedo es un poco largo, indica interés en pensar; además, la persona suele tener éxito. Si el dedo es un poco más corto, indica un carácter serio, que también conducirá al éxito. Si el dedo es corto y blando, indica desinterés, generosidad con el dinero y relajación en el pensamiento. Una persona con el dedo meñique puntiagudo suele estar interesada en la ciencia, mientras que una punta en forma ovalada indica cierto talento por los negocios, y una forma cuadrada, un sentido sano de la realidad. Si el dedo meñique está muy cerca del dedo anular, indica una preferencia por algún tipo de arte, mientras que si está lejos del dedo anular, sugiere que la persona es muy cuidadosa y está preparada para todas las posibilidades.

Las siguientes descripciones se aplican a la forma de la mano, especialmente con los dedos juntos:

- Las personas con dedos largos se preocupan más por los asuntos espirituales que por las cosas materiales. Tienen en cuenta los detalles, son muy pulcras y están muy interesadas en todo lo que está sucediendo.
- Las personas con dedos cortos son muy materialistas y no les gusta tener que enfrentarse a asuntos espirituales. Tienen mucho coraje, rara vez se arrepienten de una acción y son muy decisivas; a menudo se impacientan.
- Las personas con los dedos ligeramente curvados hacia dentro (independientemente de si los dedos son largos o cortos) piensan con claridad, actúan con cuidado y miran hacia delante.
- Las personas con los dedos ligeramente curvados hacia fuera tienen una personalidad amable y cálida, y son muy curiosas y diplomáticas.

Por lo que respecta a las articulaciones:

Si la piel que cubre las articulaciones está muy arrugada, la persona es inteligente, lógica y muy organizada. Siempre mira hacia delante y no hace nada antes de haber comprobado que el resultado será positivo.

Si por el contrario no se ven arrugas, indica que se trata de una persona que no toma las decisiones con la mente, sino con el corazón. Se trata de una persona muy flexible, bondadosa y amigable, pero se entrega fácilmente.

Analicemos ahora la palma de las manos. En el feng shui corporal, los «montículos» (a veces llamados «colinas») que se pueden encontrar allí tienen más importancia que las líneas (*véase* ilustración). Hay diez de estos montículos, cada uno de los cuales tiene un significado especial que explicaremos a continuación.

- Montículo A. Este montículo debe ser firme y no demasiado alto. Esto indica cortesía, ternura, generosidad y justicia. Las personas con un montículo así (Venus) son muy sensibles. Cuanto más alto sea el montículo, más alto es el deseo sexual.

- Montículo B. Este montículo debe ser carnoso y no demasiado alto. Las personas con un montículo así están muy bien coordinadas y son creativas; son muy aptas para trabajos artísticos. Si el montículo es muy alto, indica mucha fantasía y tendencia a soñar; en cambio, si es muy plano, indica una actitud práctica.

- Montículo C. Si este montículo es positivo (siguiendo los criterios que se describen para los montículos A y B), indica honestidad, confianza y pensamiento positivo. A las personas con esta constelación les gusta la fama, pero no la desean. Si el montículo es muy alto, revela ambición y tendencia a ser autoritario; en cambio, si es muy plano, hay mucha aquiescencia.

- Montículo D. Este montículo debe ser carnoso y no demasiado alto. Las personas de este tipo de montículo son muy estables y con ganas de aprender, y se llevan bien con todo el mundo. Si el montículo es muy alto, les gusta estar solas, mientras que si es muy plano, disfrutan de los asuntos sencillos.

- Montículo E. Este montículo también debe ser carnoso y no demasiado alto. Esto indica una personalidad tierna y una absoluta honestidad. Una persona así está llena de energía y tiene gran talento artístico. Un montículo muy alto indica que es una persona a la que le gusta la vida aventurera y lujosa, mientras que si es muy plano, la persona a menudo se preocupa por los aspectos materiales de la vida.

- Montículo F. Si este montículo es perfecto, la persona tiene un gran talento para el trabajo científico y para los negocios de todo tipo; además, está dispuesta a entablar un diálogo y no debería tener preocupaciones financieras. Un montículo muy alto indica dificultad para concentrarse, mientras que si el montículo es muy plano, puede haber dificultades financieras.
- Montículo G. En el mejor de los casos, este montículo no debe ser alto, sino más bien plano. Esto indica autocontrol, coraje, una naturaleza aventurera y la capacidad de adaptarse a las circunstancias cambiantes. Sin embargo, si el montículo es muy alto, se trata de una persona bastante descontrolada que a menudo considera sus propios intereses y está preparada para aprovecharse de los demás. Si el montículo es muy plano, indica ciertas dificultades para sacar el máximo beneficio de una situación y una mente cuidadosa.
- Montículo H. Debe ser como el montículo G. Si es así, indica un pensamiento claro, mucho coraje y que se trata de una persona que se puede enfrentar a cualquier situación. Un montículo muy alto indica un aumento de estas características, mientras que si el montículo es muy plano, indica precaución, indecisión y dificultad para ver las cosas.
- Montículo I. Este montículo debe estar ligeramente curvado, ya que en este caso indica un gran talento por los negocios o la política. Las personas de este tipo son física y mentalmente muy activas, pero tienen temperamento. Si el montículo es muy alto, indica dificultad en el negocio; en cambio, si es muy bajo, estas personas tienen problemas para encontrar el sentido de la vida.
- Montículo J. Este montículo debe ser carnoso y ni demasiado alto ni demasiado plano. Las personas con un mon-

tículo así son muy dulces y cuidadosas; no fanfarronean y no se rinden. Si el montículo es muy alto, la persona cuida sus propios intereses, pero también es impaciente; si es muy plano, indica nerviosismo, miedos infundados y falta de energía.

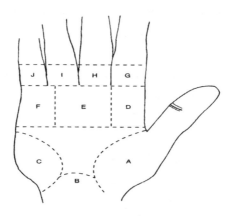

Las uñas de las manos: «Pétalos en el jardín»

Por desgracia, las personas no pueden influir sobre sus montículos, a diferencia de sus uñas. Todas las mujeres que se preocupan por su aspecto se cuidan especialmente las uñas, algo que los hombres también han comenzado a hacer cada vez más. Incluso en la antigua China existía un tratamiento de belleza para las uñas: se extraía un tinte de los pétalos de las flores y se aplicaba sobre las uñas, el precursor del esmalte de uñas moderno, que hoy se ha mejorado con accesorios para uñas y manicuras. En el feng shui corporal, las uñas aportan información sobre la salud, el carácter y la personalidad de una persona.

A grandes rasgos, las uñas deben estar en armonía con los dedos y la mano en general. El color debe ser rosado claro y la superficie debe ser lisa. Si es el caso, es muy probable que la persona goce de buena salud. Los siguientes dibujos y explicaciones aportan otros detalles:

1. Las personas con las uñas estrechas y largas tienen un estado de salud delicado y un fuerte sentido de posesión.
2. Las personas con las uñas cortas y rectangulares son fuertes y están llenas de energía. Suelen ser personas amigables.
3. Las personas con las uñas redondas tienen una gran reserva del elemento Fuego, por lo que se enfurecen rápidamente, pero se apaciguan igual de rápido.

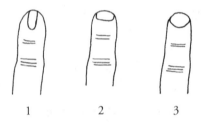

1   2   3

4. Las personas con las uñas ovaladas tienen buen gusto y siempre buscan las cosas más bonitas de la vida.
5. Si la uña es más ancha en la parte distal que en la basal indica buen gusto y comprensión rápida, pero estas personas necesitan más tiempo para armarse de valor.

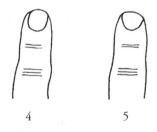

4   5

6. Las personas con las uñas muy curvadas hacia abajo tienden a tener problemas respiratorios; una caminata diaria regular puede ser muy beneficiosa.

7. Si la uña está muy doblada hacia arriba, es probable que la persona sufra problemas hepáticos o pulmonares; una buena dieta y el deporte pueden ayudar a que se mantenga sana.

8. Las enseñanzas del feng shui corporal sugieren cuidar bien el hígado, los riñones y los genitales para mantenerse sano.

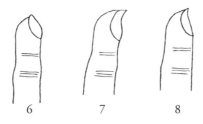

6   7   8

9. La presencia de manchas verticales en la uña indica posibles problemas estomacales y neuronales.

10. Las líneas horizontales en la uña son un signo de posibles problemas intestinales.

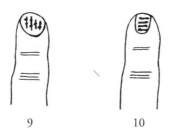

9   10

11. La presencia de líneas en la parte basal de la uña es un indicio más de una alteración del sistema nervioso general.

12. La «luna» no debe ser ni demasiado grande ni demasiado pequeña; si es muy grande, es un indicio de riesgo de tensión arterial alta, mientras que si es muy pequeña, puede indicar tensión arterial baja.

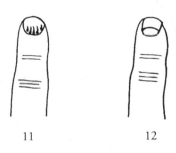

11   12

Después de estas diferentes revisiones de la mano, resulta necesaria una breve desmitificación de las tres líneas de la palma más importantes, evitando caer en la adivinación. Por lo general, se aplican las siguientes consideraciones: si las líneas están en armonía entre sí, la mano también estará bien formada. No siempre ocurre lo contrario. Sin embargo, hay que tener presente que las líneas cambian según el período y las circunstancias de la vida, y que las líneas de la mano izquierda son diferentes de las de la mano derecha. Sólo por esta razón, es muy dudoso que tres líneas puedan explicar la vida completa de una persona.

Por lo general, diferenciamos tres líneas principales:

A. La línea A, que rodea el montículo de Venus, es la salud y la línea de la vida.

B. La línea B, que atraviesa la palma de la mano, es la línea de la inteligencia y de la trayectoria profesional.

C. La línea C, que es la que está más cerca de los dedos, es la responsable del amor.

En el caso de la línea A, se aplica lo siguiente: si sigue una curva ovalada hacia la muñeca y es profunda y claramente reconocible, indica buena salud, pensamiento positivo, creatividad y empatía; en cambio, si corre directamente hacia la muñeca, revela un carácter y una personalidad libres. En algunas personas puede ser una línea doble: indica una gran energía física, honestidad y un temperamento descontrolado.

Para la línea B se aplica lo siguiente: si comienza en el origen de la línea A y cruza claramente la palma de la mano, la persona es muy inteligente, decisiva y muy adecuada para tratar temas relacionados con las finanzas; si esta línea comienza en un punto diferente, la persona es muy inteligente, fuerte y se enfurece rápidamente; si la línea va directamente hacia la muñeca, indica talento artístico y una valoración realista de las situaciones; finalmente, si la línea se curva hacia arriba, es una buena señal para cualquier tipo de empresa o de trabajo.

Y para la línea C, se aplica lo siguiente: si está más claramente definida que la línea B, indica que los sentimientos son más fuertes que la razón y la melancolía puede llegar a suponer un problema; si la línea corre muy cerca de los dedos, indica un temperamento descontrolado; si está más baja, la persona es cuidadosa con los temas monetarios; si parece larga, la persona reacciona lenta y cautelosamente en cuestiones de amor; si es corta, indica una fuerte autoestima; finalmente, si la línea C está rota, significa que tiene un vínculo muy fuerte con el pasado.

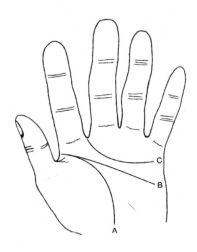

Las tres líneas del destino

Para cerrar este apartado, me gustaría añadir algunas otras consideraciones básicas sobre el lenguaje de las manos. Las manos a menudo se expresan a través de determinados gestos.

- Poner las manos en los bolsillos. Las personas que hacen este gesto quieren que se las considere inaccesibles, ellas mismas se consideran algo especial y pretenden ocultar sus debilidades.
- Cruzar las manos delante del pecho. Significa que la persona no quiere tener nada que ver con la otra y no está abierta a influencias desconocidas.
- Juntar las manos al hablar. Es un signo de mucho estrés y nerviosismo.
- Dejar las manos colgando a ambos lados. Se trata de un claro signo de calma, pereza o desorden.
- Tocar constantemente algo con las manos. Es un indicio de que una persona con este hábito está estresada e impaciente.

- Frotarse las manos. Indica una anticipación a los próximos eventos positivos.
- Tamborilear con los dedos uno detrás del otro. Las personas que hacen esto están llenas de preocupaciones y tienen muchas inquietudes.
- Poner las manos en las caderas. Indica una sobreestimación de uno mismo.
- Acercar los dedos a la boca. Este gesto indica deshonestidad o interés fingido.

También se observan ciertas características físicas en las manos que tienen un significado especial. Entre éstas destacan:

- Las palmas sudan. Las personas con las manos sudorosas están nerviosas y probablemente tengan problemas de salud.
- Las palmas son rosadas o amarillas y brillantes. Indica buena salud, un carácter feliz y una excelente actividad cerebral.
- Las palmas son de color rojo oscuro. Estas personas tienen un carácter extremo.
- Las palmas son marrones. Estas personas tienen un carácter triste.
- Las palmas se ven blancas (pero no a causa de una enfermedad). Estas personas tienen un carácter fuerte y frío que hace que piense más para sí misma que para los demás.

La voz: «La canción del ruiseñor»

La calidad de una persona se puede escuchar en la calidad de su voz, aunque existen diferencias entre las voces masculinas y femeninas: la voz masculina debe ser fuerte; en cambio, la femenina debe ser suave. Aunque si la voz masculina es fuerte pero a la vez áspera, seca y quebrada, entonces esta persona necesitará esforzarse más para convencer a los demás por teléfono en los negocios que otra persona cuya voz sea profunda pero suave al mismo tiempo. Y lo mismo se aplica a la voz femenina: si es suave pero sin brillo, claridad o fuerza interior, la persona tendrá más problemas para simpatizar por teléfono que una persona que tenga una voz clara, suave, tierna pero fuerte.

La fuerza de una voz no viene de los labios ni de la garganta, sino del diafragma, como todo cantante de ópera sabe, y por eso practican la respiración diafragmática. Este tipo de respiración ya era conocido por los sabios taoístas, quienes lo utilizaban para meditar y revitalizarse, y creían que ayudaba a prolongar la vida. Pero no basta con esto para conseguir una voz perfecta: las enseñanzas del feng shui corporal afirman que la voz también debe corresponder con el elemento de cada uno (consulta el primer capítulo para conocer cuál es tu elemento):

Madera. La voz debe ser aguda, clara y brillante.

Fuego. Una voz fuerte y ligeramente seca sería la apropiada.

Tierra. Resulta muy favorable tener una voz profunda y voluminosa.

Metal. La voz debe ser dulce y suave.

Agua. Para un buen feng shui corporal, la voz debe ser clara y rítmica.

Si la voz está en armonía con los elementos, te ayudará a llevar una vida repleta de éxitos; sin embargo, si no es el caso, en realidad cualquier debilidad puede ser compensada por otras características positivas del feng shui corporal.

Las mejillas: «Las almohadillas del poder»

En la antigua China, se utilizaba la misma palabra para «mejillas» y para «poder», lo que explica por qué las mejillas tienen tanta importancia en el feng shui corporal. El factor decisivo no es su tamaño, sino su plenitud y su proporción con respecto a las orejas y la nariz. La siguiente ilustración muestra un rostro bien proporcionado:

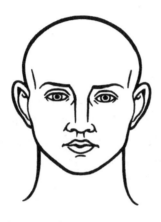

Posición de unas mejillas correctas

Esta posición de las mejillas es adecuada porque las mejillas se extienden desde la nariz hacia los lados, pero no llegan a tocar los bordes inferiores del ojo. Además, son carnosas, los pómulos no se ven y no sobrepasan el borde de la nariz. Las personas con este tipo de mejillas serán amos y nunca sirvientes.

Las mejillas que llegan hasta muy cerca del borde inferior del ojo y en las que se notan los huesos del pómulo a la altura de las mejillas son apropiadas para una posición dominante en el matrimonio, la vida sexual y la vida amorosa.

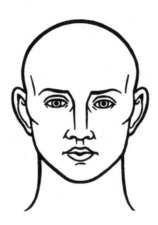

Posición de las mejillas 1

Si las mejillas se extienden desde la nariz hasta la mitad de la oreja, ni los pómulos ni las propias mejillas son claramente visibles. Las personas con este tipo de mejillas actúan con mucho cuidado y renuncian a su objetivo cuando es necesario.

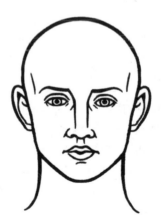

Posición de las mejillas 2

La frente: «Las colinas de la sabiduría»

Según el feng shui corporal, la frente debería ocupar un tercio del rostro. Debe ser ligeramente curvada y no verse demasiado demacrada.

En términos generales, una frente alta indica inteligencia e independencia, mientras que una frente baja indica aire pensativo y cierto conservadurismo a la hora de aprender cosas nuevas.

En la frente se pueden identificar cinco partes que aportan información sobre el destino de la persona. Muestran la influencia de los padres, el desarrollo personal y las relaciones con los amigos, con la sociedad y con los bienes materiales. La siguiente ilustración indica dónde se encuentran estas cinco partes.

- El significado de la zona A: la influencia paterna durante la infancia. Si la influencia fue positiva, esta área no estará cubierta por cabello; tampoco será muy marcada.
- El significado de la zona B: la influencia materna durante la infancia. Si la influencia fue positiva, esta área no tendrá colinas y tampoco tendrá marcas.
- El significado de la zona C: el desarrollo personal. Si el desarrollo es positivo, no habrá ni colinas ni valles diminutos, ni manchas ni marcas.
- El significado de la zona D: las relaciones con otras personas. Si las relaciones son positivas, se aplica lo mismo que para las zonas A, B y C.
- El significado de la zona E: La relación con el mundo material. Si la relación es positiva, esta parte no debe quedar cubierta por las cejas. Al mismo tiempo, es beneficioso que la distancia entre las cejas no sea ni demasiado grande ni demasiado pequeña.

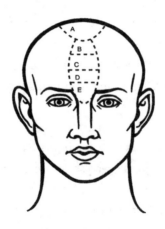

Las cinco partes más importantes de la frente

El mentón: «La fuente de la vida eterna»

Al igual que con la frente, el mentón (junto con la parte que hay entre la nariz y los labios) también debe constituir un tercio de la cara. El mentón es el final de la cara y es el punto en el que se encuentran todas las líneas. Es por esto por lo que en el feng shui corporal el mentón representa el conocimiento de lo que ocurrirá en los últimos años de nuestras vidas.

La siguiente ilustración muestra las cuatro zonas que se diferencian en el mentón: la zona A representa la felicidad que le traen a la persona los hijos y los nietos; la zona B (el labio inferior) aporta información sobre la personalidad madura de una persona; la zona C hace referencia a las circunstancias financieras, y la zona D habla de salud y esperanza de vida.

A continuación, comento las cuatro partes más importantes del mentón.

- El significado de la zona A: la felicidad que aportan los hijos y los nietos. Es positivo si esta región se encuentra exactamente en el medio entre la nariz y los labios y es una línea recta, clara y profunda. La parte superior del «valle» debe ser un poco más estrecha que la parte inferior.

- El significado de la zona B: el carácter maduro y los valores internos. Es positivo que esta zona esté en armonía con el labio superior y el resto del rostro. En el caso de los hombres, el labio inferior debe ser un poco más delgado que el labio superior, mientras que para las mujeres se aplica lo contrario.

- La importancia de la zona C: circunstancias financieras y valores externos. Es positivo que esta parte esté un poco hundida, pero no demasiado, ya que de lo contrario lo positivo se convertirá en su opuesto.

- La importancia de la zona D: salud y esperanza de vida. Esta parte debe tener una forma clara, que no debe ser demasiado puntiaguda. Puede haber algo de carne, de modo que el hueso no se note demasiado. Un valle habla de una vida inestable, que puede ser bastante larga.

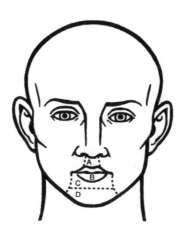

Las cuatro partes más importantes del mentón

Marcas de belleza: «Brotes de la primavera eterna»

Por marcas de belleza me refiero a marcas de nacimiento, lunares y puntos rojos de origen natural. Si las marcas son visibles a primera vista, resulta problemático, a menos que sean rojas o negras. Debes controlar las marcas para asegurarte de que no cambien de color o provoquen dolor, en cuyo caso debes contactar con un dermatólogo. En la siguiente ilustración se muestran los lugares preferidos para las marcas de belleza, que son positivas si son rojas o negras.

En la siguiente lista tienes una explicación de los distintos puntos:

Punto 1: estas personas son independientes porque les resulta difícil conseguir ayuda de los demás. Los hombres pueden tener problemas con sus padres y las mujeres con sus parejas.

Punto 2: los hombres rara vez reciben ayuda de sus padres, mientras que las mujeres están dominadas por sus parejas.

Punto 3: lo mismo que el Punto 2.

Punto 4: estas personas pueden tener problemas con la herencia; además, también tienen demasiada disposición a ceder.

Punto 5: puede aparecer una situación complicada con el amor, pero por lo general termina bien.

Punto 6: hay que anticipar los problemas de salud.

Punto 7: lo mismo que el Punto 6.

Punto 8: los problemas pueden estar provocados por la pareja.

Punto 9: pueden aparecer problemas relacionados con los niños y con la salud.

Punto 10: estas personas gozan de buena salud.

Punto 11: estas personas tienen una salud delicada.

Punto 12: estas personas tienen menos conexión con niños.

Punto 13: lo mismo que el Punto 12.

Punto 14: son personas que pueden tener el poder, pero deben ir con cuidado para mantenerlo.

Punto 15: lo mismo que el Punto 14.

Punto 16: estas personas viven una situación cambiante en la relación amorosa.

Punto 17: lo mismo que el Punto 16.

Punto 18: estas personas no deben continuar hasta el final lo que empezaron.

Punto 19: lo mismo que el Punto 18.

Punto 20: son personas que buscan la independencia en lugar de continuar las tradiciones familiares.

El lector occidental puede estar menos familiarizado con este apartado, pero en Asia, sin embargo, es normal consultar con un experto en feng shui corporal antes de quitar una marca de belleza para comentar los efectos positivos y negativos de la marca.

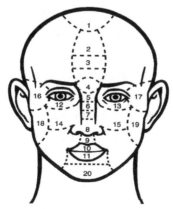

Localizaciones más frecuentes para las marcas de belleza

La parte posterior de la cabeza: «Las pléyades de la felicidad»

Si en China se quiere describir una gran personalidad o una muy poco frecuente, se dice que «tiene la parte posterior de la cabeza llena de rincones». Al parecer, esta parte del cuerpo humano es de especial interés y numerosos expertos en feng shui corporal afirman que sólo necesitan tocar la parte posterior de la cabeza de alguien para determinar su destino y su personalidad. Para ello, las zonas de la parte posterior de la cabeza que examinan deben ser redondas y fáciles de agarrar, ya que esto indica un feng shui corporal positivo. La siguiente ilustración muestra las localizaciones de estas zonas; si el feng shui corporal de la parte posterior de la cabeza es positivo, se pueden derivar las siguientes interpretaciones de las distintas zonas:

Zona A: la persona es muy inteligente y tendrá éxito.

Zona B: a menudo indica que la persona tendrá suerte en los asuntos financieros.

Zona C: la persona es muy inteligente y puede hacerse rica y famosa.

Zona D: se puede esperar una fama y una riqueza inusuales.

Zona E: la persona tendrá una larga vida y sobrevivirá a la desgracia sin sufrir daños.

Zona F: llamada el «dragón gemelo»; esta zona garantiza una larga vida, fama y riqueza.

Zona G: la persona tendrá éxito sin que su extraordinaria personalidad lo impida.

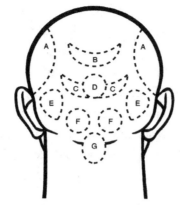

Zonas de la parte posterior de la cabeza

Los diez puntos más importantes del rostro

Se dice que «en el rostro de cada hombre está escrita su historia». Que esto no es una exageración debería ser evidente después de leer el capítulo sobre las leyes de la armonía. A modo de conclusión, quiero resumir lo dicho para mostrar que todos los puntos más importantes de la vida se encuentran en el rostro. Al mismo tiempo, también explicaré su significado.

- El punto A representa todos los movimientos que hace una persona en su vida (viajes, mudanzas, cambios de lugar de trabajo, etc.). Si esta forma es positiva, significa que todos los movimientos serán positivos. Pero ¿cómo se reconoce una forma positiva? Estos puntos deben ser claramente visibles, no debe crecer pelo en ellos y el área debe ser en su mayor parte lisa. Además, es importante que el color Chi también sea positivo (*véase* el apartado sobre «Chi en los seres humanos»).

- El punto B representa la fama. Este punto es positivo si no hay crecimiento de pelo ni ligeras elevaciones. Aquí también es necesario tener un buen color Chi.

- El punto C (la ceja) está asociado con las relaciones sociales. Éstas son buenas si la ceja tiene una forma positiva (*véase* el apartado referente a las cejas).

- El punto D habla de salud. Este punto debe estar libre de pelo y no debe estar ni demasiado lejos ni demasiado cerca de las cejas. En este caso el punto será positivo y la salud, buena.

- El punto E se relaciona con el matrimonio. Este punto debe ser plano, sin pelo y sin marcas. Entonces es positivo y la vida marital será buena.

- El punto F se relaciona con el patrimonio. Debe haber suficiente espacio entre la ceja y el ojo, se debe notar el hueso de la órbita y la piel debe estar tensa. Si se cumplen estas condiciones, la riqueza material será positiva.

- El punto G significa amor y relaciones, y se encuentra entre el ojo y el pómulo. Si no es visible, es positivo, lo que tendrá buenos efectos en las relaciones.

- El punto H aporta información sobre la felicidad y la personalidad de la persona. Este punto es positivo si es más alto que las mejillas y si es liso; además, tampoco debe ser demasiado puntiagudo. Si todo esto se cumple, la persona tiene una personalidad adecuada y encontrará la felicidad en la vida.

- El punto I se relaciona con la riqueza. Es beneficioso que este punto sea carnoso y esté bien formado. La piel debe ser mayoritariamente clara y el color Chi debe ser positivo. Si se cumplen estas condiciones, es posible que la persona pueda mejorar decisivamente sus circunstancias económicas.

• El punto J representa la esperanza de vida. Se verá influido positivamente si esta parte del mentón no es demasiado puntiaguda y apenas se ve.

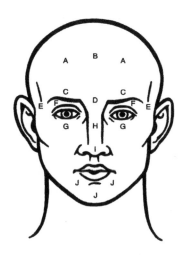

Los diez puntos más importantes del rostro

Ahora que has comprendido las leyes de la armonía, no debería resultarte difícil reconocer a la pareja adecuada para vivir una vida feliz. Antes de que te aprendas este estudio de memoria, primero puedes practicar contigo mismo y con tu familia, y más adelante entre amigos. Después de un tiempo, podrás reconocer al compañero adecuado a primera vista. El compañero adecuado puede ser el compañero para la vida, para el amor, para los negocios o para la amistad. El feng shui corporal puede ayudarte de manera natural a comprenderte a ti mismo. Éste es un método práctico para el autodescubrimiento.

Sabiduría

Capítulo 3

El secreto de la belleza natural

Cuando era pequeña, tomaba cada cumplido como algo que se relacionaba sólo con la belleza. Más adelante, pensaba que sólo lo que me gustaba era hermoso y desatendía las opiniones de los demás. Finalmente, más tarde comprendí que la verdadera belleza es un compromiso entre los puntos de vista subjetivo y objetivo.

Por supuesto, la belleza está bajo la influencia del tiempo; depende de en qué fase te encuentres, de las circunstancias de la vida, incluso de los ideales religiosos, políticos y sociales. Sólo a modo de ejemplo: en Asia, la piel blanca se considera especialmente hermosa, mientras que en Europa se debe broncear. En cambio, hace doscientos años, el ideal de la piel blanca también imperaba en Europa, lo que llevaba a acciones tan exageradas como que los hombres se aplicaran maquillaje blanco en la cara. Y debido al intercambio cultural global, hoy en día en Asia lentamente está tomando fuerza la opinión de que un color de piel marrón «saludable» es al menos tan hermoso como la palidez.

Con respecto a las medidas y las proporciones corporales, al menos en Asia, Europa y América del Norte, los ideales parecen ser similares, porque, aunque hay muy pocas mujeres asiáticas que tengan las medidas deseadas de 90-60-90, sigue existiendo el mismo ideal en cuanto a cuerpo bien formado y proporcionado.

Por lo que respecta a la nariz, en Asia la nariz más alta se considera más hermosa, pero este rasgo no es tan importante en Europa. En cambio, los ojos almendrados resultan muy atractivos para la mayoría de los hombres no asiáticos, mientras que a los propios asiáticos les gusta la forma de los ojos europeos y algunos incluso se han sometido a una cirugía plástica para lograr este ideal.

La globalización parece provocarnos insatisfacción con lo que nos ha dado la Naturaleza y conduce a la búsqueda de la realización de los ideales de belleza de otras culturas. Esto es comprensible cuando se considera ese deseo de belleza individual, que tiene en cuenta sólo la belleza exterior; también son un estándar internacional. ¿De qué otra manera se podría explicar que, de repente, todas las mujeres quieren parecerse a la modelo X o todos los hombres, a la estrella de cine Y? La industria de la belleza que se está desarrollando a partir de estos deseos sólo ayuda a los productores, no a los consumidores. Pero ¿existen leyes internacionales de belleza? Sí, pero no son naturales; más bien, son ideales que han sido creados por aquellos que siempre están más fascinados por lo que tienen los demás que por lo que tienen ellos mismos (y a quienes, por supuesto, les gusta sacar provecho de esta fascinación, sobre todo porque hay suficientes víctimas en el mundo para este tipo de negocio).

De todos modos, hay una contradicción irresoluble en todo esto: si bien existen estas leyes creadas por el hombre, también existen los potenciales compradores, a quienes sólo se puede seducir parcialmente. Siempre quedan suficientes personas a las que no les importan las tendencias y las modas, y viven su propia y única belleza.

Esta belleza única puede no ser perfecta en el sentido de la comunidad internacional de la moda, pero es una belleza natural con cosas positivas y negativas, como describen las enseñanzas del feng shui corporal. La idea es ocuparse de las cosas positivas y convertir las negativas en algo único.

El mundo es hermoso por sus infinitas posibilidades y no por alguna ominosa perfección.

Confucio dijo: «Cuando entras en una habitación que siempre huele a orquídeas, llegará un día en el que ya no podrás disfrutar de esta agradable fragancia». Cuando uno se acostumbra a la belleza y no se esfuerza por descubrir si hay cosas buenas escondidas en ella, no la disfrutará por mucho tiempo. Pero cuando uno trata de descubrir lo que se esconde detrás de lo menos bello, puede encontrar una belleza invisible, que sobrepasa lo visible. Esto también se describe en dos poemas del período Tang. El primero dice:

> *Qué hermosa es la puesta de sol,*
> *qué triste sigue esa noche.*

Y el segundo reza:

> *Cuantas más nubes haya en el cielo,*
> *más espectacular será la puesta de sol.*

Por lo tanto, confía en lo que te ha dado la naturaleza. Presta atención a las nubes en el cielo y vivirás una maravillosa puesta de sol.

La fisiognomía como llave del alma

Como ya hemos visto antes, el feng shui corporal es un muy buen instrumento para encontrar a la pareja adecuada de por vida. La condición previa para aplicar las enseñanzas es siempre el estudio detenido del aspecto externo. Esto puede sonar superficial, pero después de haber leído este libro, debería resultar evidente que hay un complemento interno detrás de cada característica física, por lo que la fisiognomía es, básicamente, un estudio del pensamiento.

La fisiognomía se puede considerar la llave del alma de la pareja. Un especialista bien formado puede reconocer a primera vista con quién está tratando. Sin duda, tendría sentido tener las enseñanzas bien estudiadas para evitar problemas y tragedias interpersonales.

En el campo de las relaciones amorosas, si ambos miembros tuvieran conocimientos de feng shui corporal, es probable que los abogados especializados en divorcios y separaciones se tuvieran que buscar clientes diferentes, porque hombres y mujeres podrían aprender en sus primeros años quién los complementa y quién no. Por supuesto, las necesidades y las preferencias cambian con el tiempo, pero también aquí el feng shui corporal ayudaría a evitar errores, ya que la persona ha elegido conscientemente al compañero adecuado.

Los animales pueden hacer esta selección basándose en su sentido del olfato, pero, lamentablemente, en los seres humanos esta capacidad se ha perdido a lo largo de nuestra historia evolutiva; de todos modos, a veces somos capaces de hacer elecciones siguiendo nuestro instinto, lo que a menudo nos cuesta sufrimiento. Por esto es necesario prevenir el daño e incrementar la felicidad mediante el estudio y la práctica adecuados.

El secreto del cuerpo

Cuando pensamos en el secreto del cuerpo, a menudo lo relacionamos con el lenguaje corporal, que consiste en la postura corporal, los gestos, las expresiones faciales y los movimientos de los ojos. Los seres humanos envían e interpretan tales señales casi en su totalidad de manera subconsciente.

Buda dice: «Todo lo que somos es el resultado de lo que hemos pensado; está fundado en nuestros pensamientos y está hecho de nuestros pensamientos. La mente lo es todo. En lo que piensas te conviertes». Está claro que el lenguaje corporal no es el todo, sino sólo una parte de «lo que pensamos». Somos capaces de controlar nuestro pensamiento, de modo que controlamos nuestra mente; los pensamientos felices y positivos aportan un gran poder a nuestra mente y esto puede influir sobre nuestro aspecto externo.

Se pueden encender miles de velas con una sola vela y la vida útil de la vela no se verá acortada por ello. Esto es como compartir el amor y la felicidad: cuanto más compartes, más se iluminará tu mente.

¿Alguna vez has deseado poder saber qué es alguien realmente? El feng shui corporal es una excelente manera de conseguir más información sobre la persona con la que estás hablando. Quizás también desees poder mejorar tu propio feng shui corporal o te estés preguntando sobre lo que tu cuerpo intenta decirte. Estas enseñanzas se basan en investigaciones respaldadas sistemáticamente sobre cómo leer el cuerpo de las personas y mejorar el tuyo propio. Tu cuerpo es una estación receptora de mensajes secretos de tu mente y tu espíritu. Toda tu historia y tus pensamientos positivos o negativos están alojados en las células de tu cuerpo. ¡Deja de pensar en ello y empieza a escucharlo!

El secreto de la salud tanto mental como corporal es no llorar por el pasado ni preocuparse por el futuro o anticipar problemas, sino vivir el momento presente con sabiduría y seriedad de acuerdo con la Naturaleza.

Todo lo que existe en la Naturaleza es hermoso. La primavera es hermosa. El verano es hermoso. El otoño es hermoso. El invierno es hermoso. Todos los regalos de la Naturaleza son hermosos; cuanto mejor conozcas el secreto, mejor sabrás valorar su belleza.

En armonía con uno mismo y con los demás

Un empleado de la corte del emperador en China acudió un día a un monje para pedirle consejo.

—¡Mírame! –exclamó–. Soy tan feo que nadie quiere mirarme. No le gusto a nadie, nadie me presta la atención que me merezco, nadie obedece mis órdenes y todo el mundo se ríe de mí. Esto duele, sobre todo porque todos me mienten y me engañan. ¿Qué tengo que hacer?

—¡Tener paciencia! –respondió el monje–. Haz de tripas corazón, aguanta y soporta sus burlas, pero mantente alejado y practica la paciencia. No escuches y no respondas, pero persevera y espera a ver qué pasa.

La filosofía de la paciencia está más valorada en Oriente que en Occidente. «Un paso atrás es un paso adelante» es el lema de la visión china de la vida. El feng shui corporal también está influido por la filosofía de la paciencia, especialmente por la parte que busca la armonía general: esto significa que todo el mundo puede tener características positivas, practicando la paciencia, hasta acostumbrarse a los defectos propios y comenzar a construir una relación armoniosa y transparente con uno mismo y con los demás. Sólo así será posible crear el tipo de armonía necesaria para las interacciones amistosas con los demás.

El fatalismo chino tiene su origen aquí: sabes de dónde viene el buen sentimiento; acéptalo con naturalidad, sin excitarte demasiado, para así evitar cometer errores. También sabes de dónde viene el sufrimiento, acéptalo y luego recupera el equilibrio.

Consecuentemente, el feng shui corporal es una filosofía valiosa que ha hecho posible crear lo que todavía se necesita en este mundo: la armonía, de la cual surgirá la paz. Al mismo tiempo, el principal objetivo está orientado hacia el mundo real, como se muestra en el próximo apartado.

El mensaje de las correspondencias

En los apartados del Capítulo 1 titulados «El cuerpo y los cinco elementos» y «Las parejas adecuadas», he explicado cómo saber a qué elemento pertenece cada persona. Este conocimiento es vital a la hora de elegir compañeros con los que tendrás que tratar a menudo para poder establecer así una relación positiva. Las siguientes tablas muestran dónde surgen las armonías y dónde deben esperarse las desarmonías. Primero, sin embargo, describo el carácter de cada elemento según las estaciones del año.

Madera

Primavera: frío y busca calor; húmedo, pero con sed de agua; brota, pero sin fuerza; débil y por lo tanto sin requerir mucha Tierra.

Verano: caluroso y sediento; resplandeciente y fácilmente inflamable; lleno de energía, pero aún no preparado para crecer; fuerte y sin buscar la Tierra.

Otoño: seco y todavía sediento; envejece y anhela ser talado; frío y busca la protección de la Tierra.

Invierno: tiembla y evita el Agua; congelado y espera calor; tiembla y espera la Tierra.

Madera positiva	Amigos y colegas	Parejas	Hijos	Padres
Primavera	Agua Fuego	Fuego	Fuego Agua	Fuego Agua
Verano	Agua	Agua	Agua	Agua
Otoño	Agua Metal Tierra	Fuego Metal	Agua Tierra Metal	Agua Tierra Metal
Invierno	Agua Metal Tierra	Agua Metal Tierra	Agua Metal Tierra	Agua Metal Tierra

Madera positiva	Amigos y colegas	Parejas	Hijos	Padres
Primavera	Tierra Metal	Tierra Metal	Tierra Metal	Tierra Metal
Verano	Metal Fuego Tierra	Metal Fuego Tierra	Metal Fuego Tierra	Metal Fuego Tierra
Otoño	Madera	Madera Agua	Madera	Madera
Invierno	Agua Madera	Agua Madera	Agua Madera	Agua Madera

Fuego

Primavera: busca calor; quiere Madera; evita el Agua; huye de la Tierra; evita el Metal.

Verano: evita el calor; busca el Agua; evita la Tierra; huye del Metal.

Otoño: necesita la Madera; quiere el calor; huye de la Tierra; evita el Agua.

Invierno: busca calor; quiere Madera; evita el Agua; huye de la Tierra.

Madera positiva	Amigos y colegas	Parejas	Hijos	Padres
Primavera	Madera Fuego	Madera Fuego	Madera Fuego	Madera Fuego
Verano	Agua	Agua	Agua	Agua
Otoño	Madera Metal Fuego	Madera Fuego	Madera Metal Fuego	Madera Metal Fuego
Invierno	Madera Metal Fuego	Madera Fuego	Madera Fuego	Madera Fuego

Madera positiva	Amigos y colegas	Parejas	Hijos	Padres
Primavera	Tierra Agua Metal	Tierra Agua Metal	Tierra Agua Metal	Tierra Agua Metal
Verano	Tierra Agua Fuego Metal	Madera Tierra Fuego Metal	Madera Tierra Fuego Metal	Madera Tierra Fuego Metal
Otoño	Agua Tierra	Agua Tierra	Agua Tierra	Agua Tierra
Invierno	Agua Tierra	Agua Tierra	Agua Tierra	Agua Tierra

Tierra

Primavera: frío y busca calor; débil y evita la Madera; fresco y huye del Agua; débil y busca más Tierra; teme la Madera y quiere Metal.

Verano: seco y pide Agua; caliente y evita el Fuego; cálido y rechaza la Madera.

Otoño: sin energía y pide calor; débil y busca la Tierra; sin sed y evita el Agua; al evitar el Agua, también evita el Metal.

Invierno: frío y desea calor; húmedo y teme al Agua; al temer el Agua, también teme al Metal; débil y por lo tanto no necesita Madera.

Madera positiva	Amigos y colegas	Parejas	Hijos	Padres
Primavera	Fuego Metal Tierra	Fuego Tierra	Fuego Metal Tierra	Fuego Metal Tierra
Verano	Agua Tierra	Agua	Agua Tierra	Agua Tierra
Otoño	Madera Tierra	Fuego Tierra	Fuego Tierra	Fuego Tierra
Invierno	Fuego Tierra	Fuego Tierra	Fuego Tierra	Fuego Tierra

Madera positiva	Amigos y colegas	Parejas	Hijos	Padres
Primavera	Madera Agua	Madera Agua	Madera Agua	Madera Agua
Verano	Madera Fuego	Madera Fuego	Madera Fuego	Madera Fuego
Otoño	Metal Madera	Metal Madera	Metal Madera	Metal Madera
Invierno	Metal Madera Agua	Metal Madera Agua	Metal Madera Agua	Metal Madera Agua

Metal

Primavera: necesita calor; busca la Tierra; teme al Agua; aprecia la Madera y el Metal.

Verano: necesita Agua; busca Metal; quiere más Tierra; también teme a la Madera y al Fuego.

Otoño: busca el Fuego; ignora la Tierra; le gusta el agua; no necesita Madera ni Metal.

Invierno: ama el fuego; teme al agua; aprecia la Tierra; no necesita Metal ni Madera.

Madera positiva	Amigos y colegas	Parejas	Hijos	Padres
Primavera	Fuego Tierra Madera Metal	Fuego Tierra Madera Metal	Fuego Tierra Madera Metal	Fuego Tierra Madera Metal
Verano	Agua Metal Tierra	Agua Metal Tierra	Agua Metal Tierra	Agua Metal Tierra
Otoño	Fuego Agua Tierra	Fuego Agua	Fuego Agua Tierra	Fuego Agua Tierra
Invierno	Fuego Tierra	Fuego Tierra	Fuego Tierra	Fuego Tierra

Madera positiva	Amigos y colegas	Parejas	Hijos	Padres
Primavera	Agua	Agua	Agua	Agua
Verano	Fuego Madera	Fuego Madera	Fuego Madera	Fuego Madera
Otoño	Madera Metal	Madera Metal	Madera Metal	Madera Metal
Invierno	Madera Metal Agua	Madera Metal Agua	Madera Metal Agua	Madera Metal Agua

Agua

Primavera: húmedo y por lo tanto evita el Agua; lleno de fuerza y por lo tanto huye de la Tierra; lleno de energía y por lo tanto rechaza el Metal; frío y busca tanto el Fuego como la Madera.

Verano: seco y anhela el Agua; débil y pide Metal; caliente y evita el Fuego; seco y sin necesidad de madera; sin energía y teme a la Tierra.

Otoño: puro y anhela el Metal; claro y evita la Tierra; lleno de fuerza y desea el Fuego; lleno de energía y por lo tanto aprecia la Madera; muy lleno y por lo tanto teme al Agua.

Invierno: frío y teme a la Tierra; helado y exige Fuego; fresco y desea Madera; débil y rechaza el Metal; congelado y por lo tanto evita el Agua.

Madera positiva	Amigos y colegas	Parejas	Hijos	Padres
Primavera	Fuego Madera	Fuego Madera	Fuego Madera	Fuego Madera
Verano	Agua Metal	Agua Metal	Agua Metal	Agua Metal
Otoño	Metal Fuego Madera	Metal Fuego	Metal Fuego Madera	Metal Fuego Madera
Invierno	Fuego Madera	Fuego Madera	Fuego Madera	Fuego Madera

Madera positiva	Amigos y colegas	Parejas	Hijos	Padres
Primavera	Agua Tierra Metal	Agua Tierra Metal	Agua Tierra Metal	Agua Tierra Metal
Verano	Fuego Madera Tierra	Fuego Madera Tierra	Fuego Madera Tierra	Fuego Madera Tierra
Otoño	Tierra Agua	Tierra Agua	Tierra Agua	Tierra Agua
Invierno	Tierra Metal Agua	Tierra Metal Agua	Tierra Metal Agua	Tierra Metal Agua

Si durante el curso de la exploración de las diferentes correspondencias encuentras constelaciones problemáticas, no te preocupes por ello, sobre todo si se trata de tu pareja, tus hijos o tus padres. El resultado de tu exploración no significa que ahora tengas que dejar atrás a tus seres queridos o que tengas que verlos con otros ojos, sino que significa que a través del feng shui corporal has llegado lo suficientemente lejos como para afrontar las posibles complicaciones de forma temprana. Dado que el conocimiento de los cinco elementos se refiere sólo a características específicas, las características negativas deben aceptarse con paciencia cuando aparecen y deben potenciarse las positivas.

El feng shui corporal en la vida diaria

El feng shui es la antigua enseñanza china de cómo se puede vivir de manera sana y feliz en armonía con la naturaleza. Esta enseñanza se refiere exclusivamente al arte de la correcta decoración interior y exterior del hogar y del lugar de trabajo para evitar enfermedades e infelicidades, así como para potenciar el éxito.

El feng shui corporal, por otro lado, se refiere exclusivamente a las características externas del cuerpo humano, pero su objetivo es el mismo. Al comparar estas dos enseñanzas, se observa que el cuerpo se parece a la casa (el exterior) y el carácter a los muebles (el interior). Si la apariencia interna de la casa se puede mejorar mediante ciertas técnicas, lo mismo debe aplicarse también al cuerpo.

La mayoría de la gente piensa que las apariencias externas sólo se pueden cambiar mediante cirugía plástica. En casos extremos, este procedimiento es necesario y está justificado. Los especialistas en feng shui corporal, sin embargo, saben que la apariencia de una persona también se puede mejorar mediante un cambio del aspecto interno, es decir, de la personalidad.

Esto se puede lograr practicando la meditación, cambiando los hábitos y entrenando la visualización. Así no sólo se puede cambiar el aspecto interno, sino también las características físicas. El feng shui corporal enseña una ley eterna: el aspecto externo refleja el aspecto interno, y viceversa. Así pues, si una persona quiere tener un aspecto externo hermoso pero no cuida la belleza interna, ambos acabarán desapareciendo algún día. En cambio, si una persona tiene belleza interior y la cuida, un buen día también puede aparecer la belleza exterior.

Felicidad

Epílogo

Las cuatro grandes felicidades

Hsiao Kan Che, un famoso maestro de feng shui corporal de la Antigüedad, solía decir que todos los problemas que surgen entre los seres humanos se deben al hecho de que las personas se han olvidado de mirarse con atención. Sin embargo, también sabía que la enseñanza de las correspondencias no podía sostenerse por sí misma y sólo es eficaz cuando se integra en un sistema filosófico que proporciona una orientación para lograr una vida feliz y llena de éxitos.

El sabio Mengzi, un gran pensador confuciano, escribió una teoría de la naturaleza humana según la cual «todos los seres humanos comparten una bondad innata que puede cultivarse a través de la educación y la autodisciplina o desperdiciarse por negligencia e influencias negativas, pero que nunca se pierde del todo». Mengzi también sabía que una vida plena y armoniosa sólo puede llevarse junto con otras personas; pero estas otras personas deben seleccionarse cuidadosamente para asegurar que se pueda trabajar con ellas sin problemas, y para conseguirlo es importante la enseñanza de las correspondencias. Sólo entonces se puede disfrutar de las cuatro grandes alegrías de la vida: amor pleno, éxitos, amigos fieles y vida familiar armoniosa.

Por supuesto, no se puede elegir a los padres ni a los hermanos, pero sí se pueden elegir los amigos y la pareja. Y aquí también es necesario integrar esta felicidad en un sistema más amplio que asegure una vida feliz y exitosa. Este sistema más grande consta de doce direcciones, que se simbolizan en los siguientes pensamientos:

El ahorro trae propiedad.
El trabajo duro trae riqueza.
La moderación trae una larga vida.
El estímulo conduce a hijos obedientes.
La pureza conduce a la salud.
La medida correcta trae armonía.
La diligencia conduce a una buena conciencia.
La corrección trae la inocencia.
Ser solitario conduce a la paz interior.
El pensamiento apropiado trae la felicidad.
El que se conoce a sí mismo está contento.
El que siempre está contento siempre está feliz.

Índice